AF543944
www.entdecke.de

Entdecke
die
gefährlichsten Tiere
Kriton Kunz

SBN: 978-3-86659-510-1 3. Auflage 2026


An der Kleimannbrücke 39/41
8157 Münster
el.: 0251-13339-0
ax: 0251-13339-33
-Mail: verlag@ms-verlag.de

Home: www.ms-verlag.de
Geschäftsführung: Matthias Schmidt
Layout: Isabell Büchter
Lektorat: Heiko Werning & Kriton Kunz
Bildredaktion: Kriton Kunz
Druck: Drusala, Dobrá

**itelbild:** shutterstock: Tiger: Destinyweddingstudio | Busch-
iper: Mark_Kostich | Weißer Hai: Jsegalexplore |
Aauritius Images: Würfelqualle: Visual&Written SL / Alamy /
lamy Stock Photos | Schweinebandwurm: Science Source /
eresa Zgoda

**itelrückseite:** shutterstock: Schwarze Witwe:
rotasov AN

**onstige:**
.16 oben The Field Museum, Z93658
(Thanks to Dr. Mark Alvey)
.16 Mitte: The Field Museum, Z94352c,
Photographer John Weinstein
(Thanks to Dr. Mark Alvey)
.17 oben The Field Museum, MZ94328_8c,
Photographer John Weinstein
(Thanks to Dr. Mark Alvey)
.19 oben: Wikimedia Commons/
unbekannter Fotograf, 1930
.20 oben: Minh Ngo
.29 oben: Nature Picture Library / Alamy Stock Photo
.33 unten: Minh Ngo

**mauritius images**
S.15 oben: Classic Image / Alamy / Alamy Stock Photos
S.18 unten: H. Schmidbauer
S.21 unten rechts: Photononstop / Frederic Soreau
S.23 oben: nature picture library / Nayan Khanolkar
S.25 unten links: Mint Images RF / Londolozi Images
S.25 u re: Jack Maguire / Alamy / Alamy Stock Photos
S.27 u: Aditya „Dicky" Singh/Alamy/Alamy Stock Photos
S.36/37: SeaTops / Alamy / Alamy Stock Photos
S.38 oben: mauritius images / Image Source / Ken Kiefer 2
S.43 oben: Daniel Heuclin / imageBROKER
S.45 o: Visual&Written SL / Alamy / Alamy Stock Photos
S.45 unten: Andrey Nekrasov / imageBROKER
S.46 Mitte: Science Source / USDA / Nature Source
S.47 oben: Gerry Pearce / Alamy / Alamy Stock Photos
S.48: nature picture library / Sharon Heald
S.49 oben: AfriPics.com / Alamy / Alamy Stock Photos
S.51 unten: EyeEm / Alamy / Alamy Stock Photos
S.54 oben: Science Source / Teresa Zgoda
S.57 unten: H.S. Photos / Alamy / Alamy Stock Photos
S.59 u links: David Cole / Alamy / Alamy Stock Photos
S.59 u re: Peter Horree / Alamy / Alamy Stock Photos
S.64: Photoshot Creative / Paulo de Oliveira

**hutterstock**
orsatz: Enrique Ramos
.1: Nejron Photo
.2/3: Destinyweddingstudio
.4 oben: Kwangmoozaa
.4 links: Eric Isselee
.4/5: frantisekhojdysz
.5 oben links: Eric Isselee
.5 oben rechts: Eric Isselee
.6/7: Rainer Fuhrmann
.7 oben: Slava Dumchev
.8/9: VICUSCHKA
.8 Mitte: Mark_Kostich
.8 unten: PACO COMO
.10/11: Soundeath
.11 oben: Narupon Nimpaiboon
.12 oben links: Christoph Reiter
.12 oben rechts: Mark_Kostich
.12 unten links: Kwadrat
.12 unten rechts: Michal Varga
.13 oben: Kris Wiktor
.13 Mitte: AB Photographie
.13 unten: Sukpaiboonwat
.14: Eric Isselee
.15 Mitte: Kamira
.15 u links: JONATHAN PLEDGER
.15 unten rechts: Alta Oosthuizen
.16 unten: Eric Isselee
.17 unten: AkulininaOlga
.19 Mitte: Nadezda Murmakova
.19 unten: Anuradha Marwah
.20/21: Puttachat Kumkrong
.21 oben: Nick N A
S.22: Thomas Stanton
S.23 unten: Eric Isselee
S.24 oben: Ammit Jack
S.24 unten: Gurkan Ozturk
S.25 oben: Krakenimages.com
S.26: Gammal
S.27 oben: alexptv
S.28 links: Anan Kaewkhammul
S.28 unten rechts: PChinnavich
S.29 unten: DenisaPro
S.30/31: Sergey Uryadnikov
S.31 oben: Alisa Khliestkova
S.32 oben: photomaster
S.32 Mitte: Holger Kirk
S.32 unten: Holly S Cannon
S.33 oben: AB Photographie
S.34 oben: photomaster
S.34 unten: Willyam Bradberry
S.35 oben: Sergey Uryadnikov
S.35 unten: Eric Isselee
S.36 unten: Paul101
S.37 unten: Danny Ye
S.38/39: Tomas Kotouc
S.39 oben: Andrea Izzotti
S.39 Mitte: Brent Barnes
S.40 oben: Isis Medri
S.40 unten: Protasov AN
S.41 oben: RHJPhtotos
S.41 unten: James C. Bartholomew
S.42 oben: Eric Isselee
S.42 Mitte: Joe McDonald
S.42 unten: Ken Griffiths
S.43 unten: taviphoto
S.44 oben: Danut Vieru
S.44 Mitte: Protasov AN
S.44 unten: Holger Kirk
S.46 oben: Protasov AN
S.46 unten: Kostiantyn Kravchenko
S.47 unten: Conservationist
S.49 Mitte: vicspacewalker
S.50/51: PhotocechCZ
S.51 oben: trevor kittelty
S.51 Mitte: Martin Mecnarowski
S.51 unten: Anton_Ivanov
S.52/53: Richard Cavalleri
S.52 oben: Somboon Bunproy
S.53 oben links: Evgeniyqw
S.53 oben rechts: Martin Pelanek
S.54 unten: Rattiya Thongdumhyu
S.55 oben: schlyx
S.55 Mitte: SciePro
S.55 unten: Vitalii Hulai
S.56 oben: Victoria Antonova
S.56 unten: THIPPTY
S.57 oben: Jaco Visser
S.58/59: Svetoslav Radkov
S.58 unten: Natursports
S.60 oben: Christian Musat
S.60 Mitte: Sanit Fuangnakhon
S.60 unten: Marcos Amend
S.61 oben links: Eric Isselee
S.61 oben rechts: Eric Isselee
S.61 unten: OH_HO
S.62: Nynke van Holten

# Inhaltsverzeichnis

# Willkommen im Reich der gefährlichsten Tiere der Welt!

Roooooaaaaar! Wenn Du an die gefährlichsten Tiere der Welt denkst, welche fallen Dir da spontan ein? Sicher Löwe, Tiger, Hai, Klapperschlange oder Krokodil. Du hast natürlich Recht, das alles sind Arten, vor denen Menschen sich in Acht nehmen müssen. Aber es gibt noch viel, viel mehr gefährliche Tiere, darunter auch jede Menge, die Dir vielleicht auf die Schnelle nicht in den Sinn gekommen sind, wie Hirsche oder Stechmücken.

Auf den ersten Blick ist oft überhaupt nicht zu erkennen, ob ein Tier eine Gefahr darstellt oder nicht. Gefährliche Arten können überall lauern – selbst dort, wo Du sie niemals erwarten würdest.

Komm daher mit auf eine spannende Reise durch die Tierwelt und erfahre, welche Arten wirklich gefährlich sind! Außerdem verraten die schlaue Eule Xabi und ich Dir, wie Du Dich vor ihnen schützen kannst, falls Du mal in ihrem Lebensraum unterwegs sein solltest. Wenn Du Dich schlau verhältst, stellen diese Tiere meist gar kein Problem dar ...

### Nicht aus Bosheit

**Tiere, die Menschen angreifen, sind keineswegs böse. Sie handeln einfach so, wie ihre Instinkte es ihnen eingeben: Sie haben Hunger, verteidigen ihr Territorium oder ihre Jungen.**

In unseren Breiten stellen unübersichtliche Verkehrswege eine viel größere Gefahr dar als wilde Tiere

## Keine Angst!

Vor gefährlichen Tieren brauchst Du keine Angst zu haben – aber ein gesunder Respekt hilft dabei, sich richtig zu verhalten. Den meisten Arten wirst Du ohnehin sehr wahrscheinlich niemals begegnen. Und gegen viele der Gefahren, von denen Du in diesem Buch lesen wirst, werden bereits große Anstrengungen unternommen. Welche genau das sind, erfährst Du später. Vielleicht kannst auch Du einmal als Forscher, Arzt oder Politiker dabei mithelfen, Menschen vor solchen Gefahren zu schützen!

Außerdem hoffen das schlaue Eulchen Xabi und ich, dass Du verstehst, dass es bei uns in Mitteleuropa extrem unwahrscheinlich ist, dass ein Mensch durch ein Tier getötet wird! In unseren Gefilden solltest Du Dich eher vor den immer leiser werdenden Autos in Acht nehmen, nicht aufs Handy starrend in eine Baugrube fallen, nicht mit den Kopfhörern im Ohr unter die Straßenbahn geraten und begreifen, dass Rauchen, Alkohol und ungesunde Ernährung viel tödlichere Gefahren sind als Kreuzotter und Nosferatu-Spinne.

**Auch ungesundes Essen, Tabak und Alkohol sind sehr gefährlich**

# Was sind „gefährliche Tiere“?

„Dumme Frage“, wirst Du nun sicher denken. „Das sind eben solche Arten, die uns Menschen schwer verletzen oder töten können.“ Stimmt schon, jedoch: Manche Tiere sind zwar gefährlich, aber sie treffen praktisch nie auf Menschen. Darum verursachen sie auch kaum Todesfälle.

Ein Beispiel dafür ist der Inlandtaipan. Er ist zwar die giftigste Landschlange der Welt, lebt aber in Regionen von Zentral-Australien, in die sich kaum jemals ein Mensch verirrt.

Einige andere Schlangen wie Sandrasselottern, Lanzenottern oder Kettenvipern besitzen kein ganz so wirkungsvolles Gift, aber sie kommen genau dort vor, wo auch viele Menschen leben und arbeiten. Diese Arten bleiben bei einer Bedrohung zudem meist liegen und vertrauen auf ihre Tarnung. Tritt dann ein Mensch versehentlich auf sie oder direkt neben sie, dann verteidigen sie sich. Darum werden leider sehr oft Personen von ihnen gebissen, und Tausende sterben an den Folgen. Welche Schlange ist nun gefährlicher – diejenige, die über das stärkste Gift verfügt, oder diejenige, die für die meisten Bissunfälle verantwortlich ist?

**Giftschlangen wie diese Buschviper verursachen umso mehr Bissunfälle, je weiter der Mensch in ihren Lebensraum vordringt**

**Nicht nur Gifttiere und Raubtiere können dem Menschen gefährlich werden. Auch große Pflanzenfresser wie dieser afrikanische Kaffernbüffel werden manchmal zur tödlichen Gefahr.**

Andererseits sind nicht nur giftige Tiere oder solche mit großem Raubtiergebiss und scharfen Krallen für uns gefährlich. Selbst eigentlich friedliche, große Pflanzenfresser können zum Risiko werden, wenn sie sich bedroht fühlen, etwa Elefanten, Nashörner, Flusspferde oder Kaffernbüffel.

Wenn Du außerdem gedacht hast, nur wilde Tiere in fernen Ländern seien gefährlich, hast Du Dich getäuscht: Jedes Jahr kommen viele Menschen durch die Stiche von Honigbienen und Wespen, durch Bisse von Hunden oder durch Tritte von Pferden ums Leben. Oder durch krank machende Bakterien an Hühnereiern, die Salmonellen – so gesehen sind Hühner weit gefährlicher als Löwen!

Dann gibt es natürlich auch noch jede Menge kleiner Tierchen, die an sich völlig harmlos für uns wären. Sie übertragen jedoch tödliche Krankheiten und sind für weit, weit mehr Todesfälle pro Jahr verantwortlich als alle gefährlichen „wilden Tiere" zusammen – sie sind also die eigentlichen „Killer"!

**Die härtesten Zähne der Welt**

**Was glaubst Du, welches Wirbeltier besitzt die härtesten Zähne? Tiger? Löwe? Weißer Hai? Knapp vorbei – nach bisherigem Wissen ist die Maus hier der Sieger! Auf einer Härteskala kommt sie auf den Wert 9,6, ganz knapp hinter Diamant mit 10, dem härtesten natürlichen Stoff der Erde.**

**„Ich glaub, mich tritt ein Pferd!" Klingt zwar lustig, kann aber tödliche Folgen haben!**

## Armut als Risiko

Menschen, denen Tiere direkt oder als Überträger von Krankheiten gefährlich werden, zählen in den allermeisten Fällen zur ärmsten Bevölkerung. Denn wo lebt eine gefährliche Giftschlange? Wo überträgt eine Stechmücke die Malaria-Krankheit? Wo sind Tiger unterwegs? Genau dort, wo viele arme Menschen leben und arbeiten, wie auf Feldern und Plantagen, in sumpfigen Regionen, am Rand von Naturschutzgebieten.

Oder anders gesagt: Eine Frau oder ein Mann, die morgens in der Großstadt ins Büro fahren, werden natürlich nicht von einer Lanzenotter gebissen, vom Tiger angegriffen oder von der Malariamücke gestochen. Müssen sie dagegen auf einer Plantage schuften oder im Wald Feuerholz sammeln, passiert das vielleicht schon.

**Auf Reisfeldern leben Giftschlangen wie Kobras, Kettenvipern und Kraits, im Gebüsch an den Rändern können Grubenottern auf Beute lauern**

Wenn wir dafür sorgen, dass solche Menschen bessere Lebens- und Arbeitsbedingungen erhalten, dann sinkt auch die Gefahr für sie, mit gefährlichen Tieren in Kontakt zu kommen. So ließen sich die meisten Giftschlangenbisse in Plantagen schon dadurch vermeiden, dass die Besitzer ihren Arbeitern feste Stiefel zur Verfügung stellen.

**Giftschlangen wie diese asiatische Grubenotter stellen vor allem für arme Menschen eine große Gefahr dar, weil diese in den Lebensräumen der Tiere leben und arbeiten müssen**

# Scharfe Zähne, scharfe Krallen

Haben Dir Deine Eltern auch die Märchen vom Rotkäppchen oder vom Wolf und den sieben Geißlein erzählt? Dann hast Du Dich als kleines Kind sicher vor dem „bösen Wolf“ gefürchtet. Oder vielleicht vor dem Tiger aus dem Dschungelbuch.

Tiere, die mit großen Zähnen und scharfen Krallen Beute machen, können in der Tat auch Menschen gefährlich werden. Einige davon nehmen wir nun genauer unter die Lupe.

## Raubkatzen

Als Raubkatzen bezeichnet man zum einen die Großkatzen, also Tiger, Leopard, Löwe, Jaguar, Schneeleopard, Nebelparder und Sundanebelparder. Zum anderen zählen auch Puma und Gepard dazu. Tiger, Leopard und Löwe greifen immer wieder Menschen an. Seltener hört man von Unfällen mit weiteren Raubkatzen.

## Löwe

Löwen sind die größten Raubtiere Afrikas und können von der Nase bis zur Schwanzspitze über drei Meter lang werden, wobei der Schwanz allerdings rund einen Meter davon ausmacht. Ausgewachsene Männchen werden bis über 200 Kilogramm schwer.

Früher kamen die majestätischen Tiere außer in Afrika auch in Indien, Vorderasien, ja sogar in Südeuropa vor. Dort wurden sie aber durch die Jagd ausgerottet. Abgesehen von wenigen Exemplaren in einem Nationalpark in Indien leben Löwen heute nur noch in bestimmten Regionen Afrikas südlich der Wüste Sahara.

Normalerweise greifen Löwen keine Menschen an, sondern fliehen vor ihnen. Es gibt jedoch immer wieder Fälle, in denen Personen den mächtigen Raubkatzen zum Opfer fallen. Leider passiert das auch gerade dann, wenn Flüchtlinge nachts Nationalparks durchqueren. Solche Menschen fliehen vor Krieg und Verfolgung in ihrer Heimat. Auf ihrer Suche nach Frieden und besseren Lebensbedingungen kommen sie manchmal durch Regionen, in denen Löwen leben. In einigen Fällen allerdings holten die Raubkatzen ihre Opfer sogar mitten aus recht großen Dörfern in ländlichen Gebieten. Auch hier sind die eigentlichen Probleme also Armut und Krieg.

**Dieses Gemälde von Briton Rivière zeigt eine Löwenjagd der alten Assyrer**

**Lebensgefährlich muss es auf den Löwenjagden der alten Assyrer zugegangen sein**

**Auch heute noch fallen immer wieder Menschen Löwen zum Opfer. Dieses Jungtier allerdings hat nur den verloren gegangenen Schuh eines Safari-Teilnehmers gefunden ...**

**Löwen wagen sich selbst an so riesige und gefährliche Tiere wie Kaffernbüffel**

## „Der Geist“ und „die Dunkelheit“

Im Jahr 1898 war das afrikanische Land Kenia unter der Kontrolle der Briten. Diese begannen damit, vor allem indische Arbeiter eine Eisenbahnbrücke über den Fluss Tsavo bauen zu lassen. Im Lauf der nächsten neun Monate wurden immer wieder Arbeiter von zwei mächtigen Löwenmännchen getötet. Diese beiden Raubkatzen waren Brüder und besaßen keine Mähne, wie alle Männchen der Region.

Da die Tiere sich furchtlos verhielten, glaubten die Arbeiter, es seien gar keine richtigen Löwen, sondern Dämonen, und gaben ihnen die Namen „Der Geist“ und „Die Dunkelheit“. Viele Arbeiter flohen aus dem Camp, und der Brückenbau konnte nicht weitergeführt werden.

Der verantwortliche Bauleiter war ein Brite namens John Henry Patterson. Er erkannte, dass die einzige Lösung sein würde, die Löwen zu erschießen. Also legte er sich auf die Lauer. Schließlich gelang es ihm, zuerst den einen Löwen zu erlegen, zwei Wochen später dann auch den anderen.

Experten glauben, dass die Tiere deshalb auf Menschenjagd gingen, weil zumindest eines der beiden Männchen Zahnprobleme hatte. Daher war es für die Raubkatze leichter, Menschen zu jagen als Zebras oder Kaffernbüffel. Dasselbe war auch bei einem ebenfalls berüchtigten Löwen der Fall, der zwischen den Jahren 2002 und 2004 in Tansania zu einem großen Problem wurde. Heute kannst Du Präparate der beiden Raubkatzen von Tsavo im Field Museum von Chicago in den USA bestaunen.

**John Henry Patterson im Jahr 1898 mit dem ersten der beiden Tsavo-Löwen, die er erlegte**

**Präparate der beiden Löwen „Der Geist“ und „Die Dunkelheit“ von Tsavo sind heute im Field Museum in Chicago in den USA ausgestellt**

**Oft werden Raubkatzen dem Menschen erst dann gefährlich, wenn sie aufgrund von Verletzungen oder Krankheit nicht mehr dazu in der Lage sind, ihre übliche Beute zu erlegen**

## Weitere berüchtigte Löwen

Wie schon gesagt, zählen Menschen normalerweise nicht zur Beute von Löwen. Wenn diese Raubkatzen doch einmal Menschen angreifen, werden sie darum schnell bekannt und berüchtigt. Dazu zählen die Löwen „Chiengi Charlie", „Osama", „Msoro Monty" und der „Löwe von Mfuwe", der heute ebenfalls im Field Museum ausgestellt ist.

Der schlimmste Fall war derjenige der „Löwen von Njombe". Dieses Rudel trieb zwischen 1932 und 1947 sein Unwesen und brachte viele Menschen um. Schließlich wurden die Raubkatzen eine nach der anderen von George Rushby erlegt, einem britischen Großwildjäger, Farmer und Wildhüter.

**Auch das Präparat des gefürchteten „Löwen von Mfuwe" ist im Field Museum von Chicago zu bestaunen**

### Riesige Mischlinge

**In Zoos werden manchmal Löwen mit Tigern verpaart. Die Mischlinge aus solchen Verpaarungen heißen Liger oder Töwen. Solche Tiere werden wahrhaft gigantisch und können 3,5 Meter lang und über 350 Kilogramm schwer werden!**

## Gefährlicher Mensch

**Manche Wildtiere sind für den Menschen gefährlich – der Mensch ist aber noch viel gefährlicher für diese Tiere! Beispielsweise gab es um 1920 noch 100 000 Tiger. Dann aber wurden die großen Raubkatzen so intensiv bejagt, dass sie fast ausgerottet wurden. Drei Unterarten sind sogar komplett ausgelöscht. Heute leben die übrigen etwa 3 000 bis 5 000 Tiger nur noch in ungefähr fünf Prozent ihres ursprünglichen Verbreitungsgebiets.**

**Ähnliches gilt für viele andere Tiere. So werden jährlich 60 bis 120 Millionen Haie gefischt – eine unfassbar große Zahl! Viele Haiarten sind dadurch schon von der Ausrottung bedroht.**

# Tiger

Die verschiedenen Unterarten des Tigers werden auch unterschiedlich groß. Der Sibirische Tiger ist die mächtigste Unterart. Männchen können zwei Meter lang werden, dazu kommt der nicht ganz einen Meter lange Schwanz. Sie bringen bis zu 250 Kilogramm auf die Waage. Tiger gelten somit als die größten Raubkatzen der Erde. Die einzelgängerischen Tiere kommen heute lediglich noch in bestimmten Regionen Südostasiens vor, außerdem im fernen Osten Russlands.

Tiger scheuen normalerweise Menschen. Manchmal greifen aber auch sie an. Vor allem im Gebiet der Sundarbans im Gangesdelta in Indien fallen Menschen den Raubkatzen zum Opfer. Tiger dringen auf ihren Beutezügen meist nicht wie manche Löwen oder auch Leoparden in Dörfer ein, sondern überfallen fast nur Menschen außerhalb ihrer Dörfer.

**Sibirische Tiger sind die größten Raubkatzen der Erde**

## Die „Tigerin von Champawat“ und Jim Corbett

Als schlimmste Menschenfresserin unter den Tigern gilt die Bengalische „Tigerin von Champawat“. Sie überfiel Anfang des 20. Jahrhunderts in Nepal so viele Menschen, dass die Bevölkerung glaubte, es handle sich vielleicht um einen Dämon oder eine Strafe der Götter.

Das Problem war so schlimm, dass sogar die Armee ausrückte, um die Raubkatze zu schießen. Dies gelang jedoch nicht. Die Tigerin verließ lediglich ihr Territorium, wechselte nach Indien über und machte dort weiter wie bisher. Hier gelang es schließlich Jim Corbett im Jahr 1911, sie aufzuspüren und zu schießen.

Dieser Edward James Corbett, genannt „Jim“, war zu seiner Zeit eine lebende Legende. Insgesamt schoss er im Lauf der Jahre mindestens ein Dutzend menschenfressender Tiger und Leoparden. Die Bevölkerung war ihm so dankbar für seine Taten, dass sie ihn fast wie einen Heiligen verehrte.

Möglich waren ihm seine Erfolge, weil er sich von Kindheit an mit dem Leben im Dschungel und den Gewohnheiten der Tiere auskannte. Laute verschiedener Tiere soll er so perfekt nachgeahmt haben, dass ihm das einmal fast zum Verhängnis wurde: Als er das Brüllen eines Leoparden imitierte, begannen ihm sowohl ein echter Leopard als auch ein britischer Jäger nachzustellen …

Während er einerseits Menschenfresser jagte, setzte er sich andererseits für den Schutz der Natur und der Tiere ein. Unter anderem geht die Einrichtung des ersten Nationalparks Indiens auf ihn zurück. Heute trägt dieser Park ihm zu Ehren den Namen Corbett-Nationalpark.

Corbett hasste die menschenfressenden Raubkatzen keineswegs. Er war der Meinung, dass zumindest bei Tigern fast immer erst Verwundungen vor allem durch Jäger die Tiere dazu brachten, Menschen zu jagen, wie im Fall der „Tigerin von Champawat“: Ihr hatte eine Kugel zwei Reißzähne zerschmettert. Corbett begann sogar, Tiger zu filmen, was damals eine Sensation darstellte.

**Dieses Foto zeigt Jim Corbett. Im Vordergrund liegt der „Junggeselle von Powalgarh“, den er erlegen konnte**

**Auf seiner Jagd folgte Jim Corbett oft den Fußspuren von Tigern**

**Dass Touristen heute im Corbett-Nationalpark in Indien Tiger beobachten können, haben sie ganz wesentlich dem berühmten Jäger und Naturschützer Jim Corbett zu verdanken**

**Gemeinsam konnten Charles Jamrach und ein Helfer den Jungen befreien**

## In letzter Sekunde

Charles Jamrach, ein gebürtiger Deutscher, war im 19. Jahrhundert ein bekannter Wildtierhändler in London und führte das damals größte Zoogeschäft der Welt für exotische Tiere.

Einmal brach ein frisch gelieferter Bengalischer Tiger aus seiner Transportkiste aus und erreichte die Straße. Ein Junge, der zuvor noch nie einen Tiger gesehen hatte, näherte sich der Raubkatze, um sie zu streicheln. Daraufhin schnappte der Tiger den Jungen mit dem Maul an der Schulter und trug ihn davon. In diesem Moment kam Jamrach angerannt und packte das Tier mit bloßen Händen. Zuerst wurde er mitgeschleift, doch dann gelang es ihm, der Raubkatze sozusagen ein Bein zu stellen. Jamrach kniete sich auf das Tier und versuchte es zu würgen oder dazu zu bringen, das Maul zu öffnen. Endlich kam einer seiner Arbeiter zu Hilfe. Schließlich brachten sie den Tiger dazu, von dem nur wenig verletzten Jungen abzulassen. Die Raubkatze konnte dann sogar wieder eingefangen werden. Noch heute erinnert eine Statue an diese Heldentat.

### Gejagter Jäger

**Jim Corbett schrieb drei Bücher über seine Jagdabenteuer, die auch für ihn selbst extrem gefährlich waren. So bemerkte er mehrfach, dass Raubtiere, denen er nachspürte, ihrerseits ihm folgten.**

## Die „Zuckerrohr-Tigerin“

Heute werden menschenfressende Raubkatzen manchmal mit viel höherem Aufwand gejagt als früher, zum Beispiel im Fall der „Zuckerrohr-Tigerin“ im Jahr 2016. Sie erhielt ihren Namen, weil sie sich gerne in Zuckerrohr-Feldern versteckte.

**Heute helfen Drohnen bei der Suche nach menschenfressenden Raubtieren**

40 Tage lang wurde nach ihr gesucht. Über 100 Kamerafallen waren im Einsatz. Ein Hubschrauber und Drohnen wurden dazu eingesetzt, die Raubkatze aufzuspüren. Als man sie entdeckte, machte sich ein Team auf. Drei Reitelefanten waren mit dabei, außerdem Jagdhunde, 150 geschulte Personen und fünf Schützen.

Du fragst Dich vielleicht, warum Menschen nicht aus Regionen wegziehen, in denen es immer wieder zu Todesfällen durch Wildtiere kommt. Wie Du schon weißt, sind die dort lebenden Menschen meistens arm und wenig gebildet. Sie können also nicht einfach irgendwo in der Stadt einen anderen Beruf ergreifen. Dadurch sind sie gezwungen, beispielsweise in den Tigerrevieren der Sundarbans zu bleiben und sich dort ihren Lebensunterhalt zu verdienen. Sie haben dazu einfach keine Alternative.

**In Armut lebende Menschen müssen sich ihren Lebensunterhalt manchmal in Tigerrevieren verdienen – sie können nicht einfach wegziehen**

## Leopard

Leoparden leben in Afrika, Asien und im Kaukasus. Genau wie beim Tiger ist auch beim Leoparden die Körpergröße je nach Unterart sehr unterschiedlich. Die Körperlänge reicht von nicht ganz einem bis nicht ganz zwei Metern. Dazu kommt der Schwanz, der 60–110 Zentimeter lang sein kann. Maximal wiegen Leoparden rund 90 Kilogramm.

Wie bei anderen Großkatzen zählt der Mensch normalerweise nicht zur Beute des Leoparden. Aber auch hier gibt es Fälle, in denen sich einzelne Tiere auf die Jagd nach Menschen spezialisieren. Insbesondere scheint es sich dabei um Männchen zu handeln, die zuvor nicht verwundet wurden.

**Anpassungs-Weltmeister**

**Leoparden sind unter den Großkatzen Weltmeister im Anpassen an verschiedenste Bedingungen. In ihrem riesigen Verbreitungsgebiet können sie daher ganz unterschiedliche Lebensräume bewohnen. So findet man die gefleckten Jäger in Regenwäldern, Nadelwäldern, Savannen und Halbwüsten. In vielen Regionen durchstreifen sie auch Dörfer und Vorstädte.**

**Der beste Kletterer unter den Großkatzen ist der Leopard. Oft schleppt er sogar seine schwere Beute ins Geäst.**

Leoparden durchstreifen oft auch Dörfer und dringen manchmal selbst in Städte ein

## Der Leopard von Rudraprayag

Zwischen 1918 und 1926 überfiel dieser Leopard Menschen im Westen Nepals. Dabei drang er sogar in Häuser ein – er konnte Türen öffnen, scharrte sich durch die dünnen Lehmwände von Hütten oder sprang durch Fensteröffnungen. Die Raubkatze holte sogar einzelne Personen aus einer Gruppe von Schläfern, ohne dass die anderen es bemerkten. Viele Jäger versuchten, sie zu erlegen, um die für diesen Erfolg ausgesetzten 10 000 Rupien (so heißt das indische Geld) zu verdienen. Fallen wurden gestellt, vergiftete Beute ausgelegt – alles vergebens.

Schließlich wurde auch in diesem Fall Jim Corbett gebeten, sich der Sache anzunehmen. Wochenlang suchte der Jäger den Leoparden. Schließlich gelang es ihm, das Tier mit einer toten Ziege anzulocken und zu erschießen. Tausende Dorfbewohner kamen, um sich die erlegte Raubkatze anzuschauen, die sie so lange in Angst und Schrecken versetzt hatte. Sie streuten Blumenblätter auf Corbetts Füße, um ihm ihre Verehrung und Dankbarkeit zu erweisen.

### Schwarzer Panther

**Sicher hast Du schon vom Schwarzen Panther gehört. Das ist aber nicht etwa eine eigene Art der Raubkatzen. Vielmehr handelt es sich um schwarze Leoparden. So gefärbte Exemplare sind in vielen Regionen sehr selten, in anderen machen sie fast die Hälfte aller Leoparden aus. Auch bei anderen Arten gibt es solche Schwärzlinge, wie etwa beim Jaguar.**

## Jaguar

Der Jaguar lebt vor allem in Mittel- und Südamerika. Er ist nach Tiger und Löwe die drittgrößte Raubkatze. Jaguare ähneln Leoparden, sind aber massiger gebaut. Maximal werden sie 185 Zentimeter lang, dazu kommt noch der Schwanz, der kürzer ist als beim Leoparden. Im Extremfall kann ein Jaguar bis zu 150 Kilogramm wiegen.

Diese Raubkatze greift Menschen weit seltener an als der Leopard. Dennoch gibt es Berichte über tödliche Attacken. Großes Glück hatte ein dreijähriges Mädchen, das im Dschungel Guayanas von einem Jaguar geschnappt wurde. Es war gerade wie jeden Morgen mit seiner Mutter am Fluss, um zu baden und Kleider zu waschen. Plötzlich sprang ein erwachsener Jaguar aus dem Gebüsch, packte das Mädchen und zerrte es weg. Herbeigeeilte Bewohner des Dorfes zwangen die Raubkatze, loszulassen. Mit schweren Wunden am Kopf wurde das Mädchen ins Krankenhaus gebracht. Es überlebte!

**Ein echtes Kraftpaket: der Jaguar**

**Jaguare erbeuten selbst Krokodile wie diesen Kaiman**

## Hyänen

Hyänen sind keine Raubkatzen, zählen aber zu den Katzenartigen Raubtieren. Es gibt vier Arten. Streifenhyänen und Schabrackenhyänen sind vor allem Aasfresser, leben also von toten Tieren. Der Erdwolf heißt nur „-wolf", ist aber in Wirklichkeit auch eine Hyänenart. Er frisst hauptsächlich Termiten.

Großteils von der Jagd dagegen lebt die Tüpfelhyäne. Zusätzlich vertreiben Rudel der sehr gesellig lebenden Art auch gerne andere Raubtiere von deren Beute, um diese selbst zu fressen. Tüpfelhyänen werden ohne Schwanz bis zu 160 Zentimeter lang und 91 cm hoch.

Nur wenige Menschen hierzulande wissen, dass auch Streifenhyänen und vor allem Tüpfelhyänen manchmal Menschen angreifen. Das war unter anderem bei einem sehr großen Paar Tüpfelhyänen in Malawi in Afrika der Fall. Besonders, wenn in der heißesten Jahreszeit Menschen draußen schlafen, sind sie gefährdet.

Vor allem die aasfressenden Hyänenarten besitzen eine so hohe Beißkraft, dass sie sogar dicke Knochen eines Nashorns oder Flusspferds aufbrechen können, um an das nahrhafte Mark zu gelangen. Ihre Beißkraft ist sechs Mal so groß wie die eines Tigers!

**Tüpfelhyänen besitzen eine ungeheure Beißkraft**

**Ein Rudel Hyänen kann selbst einen Löwen töten!**

**Mutig: In Harar in Äthiopien werden Hyänen jeden Abend gefüttert**

## Hundeartige Raubtiere

Zu den Hundeartigen zählen unter anderem Hunde und Bären, Robben, Kleinbären und Marder. In die Familie der Hunde wiederum gehören beispielsweise Wölfe, Schakale, Füchse, Kojoten und auch unsere Haushunde.

## Bären

Unter den acht Arten der Großbären sind die meisten Allesfresser. Nur der Große Panda ist auf Bambus als Nahrung spezialisiert. Je nach Art sind Bären sehr unterschiedlich groß. Die mächtigsten Exemplare des Kodiakbären, einer Unterart des Braunbären, und des Eisbären können fast drei Meter lang werden und 700 bis 800 Kilogramm auf die Waage bringen.

**Bären sind mächtige Raubtiere mit starkem Gebiss, scharfen Krallen und gewaltigen Kräften**

## Der Bär von Mysore

Lippenbären leben in Südasien und ernähren sich vor allem von Insekten, besonders Termiten, außerdem von Früchten, Blüten und Honig. Nur selten verzehren sie auch Aas oder kleine bis mittelgroße Wirbeltiere.

Diese Art ist recht aggressiv – tatsächlich greift sie von allen Bärenarten den Menschen am häufigsten an. So kommt es durch Lippenbären in einem einzigen Distrikt Indiens jährlich zu etwa genauso vielen Todesfällen wie im gesamten, riesigen Verbreitungsgebiet des Braunbären, das sich fast über den gesamten Norden der Erde erstreckt.

Lippenbären scheinen Menschen allerdings normalerweise keineswegs als Beute, sondern vielmehr als Gefahr zu betrachten. Sie verteidigen sich gegen diese vermeintliche Bedrohung, indem sie zum Angriff schreiten. Dabei gehen sie mit ihren langen Krallen und Zähnen vor allem auf das Gesicht los, was zu furchtbaren Verwundungen oder zum Tod führen kann.

Berüchtigt war der „Bär von Mysore“. Schließlich wurde er nach langer Suche von Kenneth Anderson erlegt, einem britischen Schriftsteller und Jäger, der auch menschenfressende Tiger und Leoparden schoss.

**Eigentlich sehen Lippenbären ja ganz gemütlich aus ...**

**Mit ihren furchtbaren Krallen und Zähnen können sie sich aber selbst Tigern erfolgreich zur Wehr setzen**

## Ein Kragenbär, der an den Falschen geraten ist

Ähnlich aggressiv wie der Lippenbär ist ansonsten lediglich eine Unterart des Kragenbären, der Himalaya-Kragenbär. Genau wie beim Lippenbären kommen auch in seinem Lebensraum Tiger vor. Forscher vermuten deshalb, dass die erhöhte Aggressivität damit zusammenhängt: Diese Bären haben sich daran angepasst, vor einer vermeintlichen Gefahr nicht zu fliehen, sondern direkt anzugreifen. Das macht diese beiden Bärenarten besonders gefährlich. In Indien scheinen Angriffe durch Himalaya-Kragenbären sogar jedes Jahr zuzunehmen.

Auch in Japan kommt es regelmäßig zu Angriffen von Kragenbären auf Menschen, manchmal mit Todesfolge. In einem Fall schaffte es jedoch ein 63 Jahre alter Angler, einem Kragenbären in die Flucht zu schlagen: Der Mann war ein hochrangiger Karatekämpfer und wehrte sich so energisch, dass der Angreifer schließlich von ihm abließ. Mit Kratz- und Bisswunden an Kopf, Arm und Oberschenkel fuhr der siegreiche Karateka schließlich ins Krankenhaus, um sich dort verarzten zu lassen ...

Weil die Zahl von Unfällen mit Bären in Japan jedoch zunimmt, sollen solche Exemplare, die menschlichen Behausungen gefährlich nahe kommen, jetzt mit Drohnen aufgespürt und dann durch Feuerwerkskörper verjagt werden.

**Kragenbären greifen in Asien immer wieder Menschen an**

Wie alle Bären sind auch Eisbären sehr neugierig, und das kann schnell zu extrem gefährlichen Situationen führen

## Braunbären, Schwarzbären, Eisbären

Braunbären greifen zum Glück nur selten an – wenn sich ihnen die Chance bietet, fliehen sie meist. So fielen in den USA und Kanada in den 1990er-Jahren jährlich „nur" etwa drei Menschen solchen Bären zum Opfer – da gegen wurden pro Jahr etwa 15 Personen durch Hunde getötet. In Russland und Europa sind Angriffe durch Braunbären extrem selten.

Die Krallen eines Grizzlybären, wie bestimmte nordamerikanische Braunbären genannt werden, können bis zu 15 cm lang werden. Miss doch einmal mit Deinem Lineal ab, wie lang das ist! Und die Beißkraft eines Grizzlybären reicht aus, um einen 15 starken Kiefernstamm zu zerteilen.

Vor einem Grizzly davonzurennen, ist übrigens keine gute Idee: Diese Tiere können wesentlich schneller laufen als selbst der menschliche Weltrekordhalter im Sprint!

Da es in Nordamerika weit mehr Schwarzbären als Braunbären gibt, kommt es auch viel häufiger zu Unfällen mit dieser Art. Allerdings verlaufen sie zum Glück in der Regel nicht so schwer wie bei Braunbären, Todesfälle sind selten. Meist passieren Angriffe in Nationalparks, wo sich die Tiere an die Anwesenheit von Menschen gewöhnt haben und teils sogar gefüttert werden. Das ist zwar verboten, geschieht aber trotzdem.

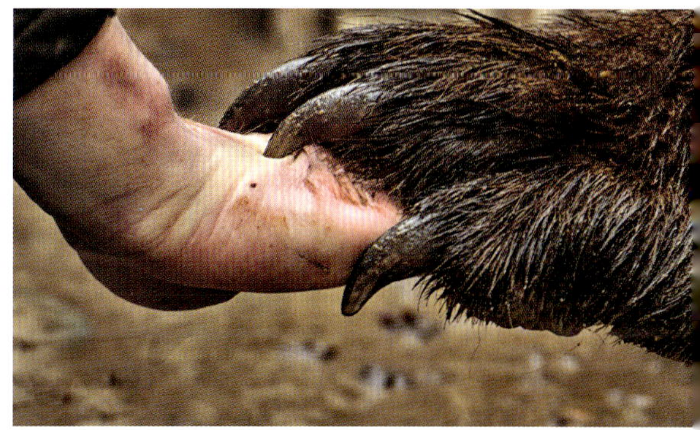

Bärenkrallen können sehr lang werden und sind wie ihr Gebiss gefährliche Waffen!

Todesfälle durch Attacken von Eisbären kommen glücklicherweise ebenfalls nur selten vor.

Wenn Du in Bärengebieten unterwegs sein solltest, zum Beispiel auf einer Urlaubsreise in den USA, dann mach vor allem in unübersichtlichem Gelände immer auf Dich aufmerksam – schleiche Dich also nicht lautlos voran. Die meisten Angriffe passieren nämlich, wenn man urplötzlich auf einen Bären trifft, der davon völlig überrascht ist.

Solltest Du Dich doch einmal einem Bären gegenübersehen:

1) Renne auf keinen Fall davon!
2) Sprich ruhig mit dem Bären.
3) Zieh Dich langsam rückwärts zurück, schau ihm dabei nicht in die Augen.
4) Solltest Du trotz allem angegriffen werden, schütze bei Grizzlys in Embryohaltung am Boden vor allem Deinen Kopf und Dein Genick. Bei Schwarzbärangriffen dagegen wird empfohlen, sich so energisch wie möglich zu verteidigen.
5) Es gibt spezielle Sprays zur Abwehr von Bären – diese sind extrem effektiv! Es ist also ratsam, in Bärengebieten so ein Spray mit sich zu führen.

### Mutige Mütter

**Normalerweise fürchten sich europäische und amerikanische Bären vor Menschen und fliehen, sobald sie ihren Geruch wahrnehmen. Wird allerdings eines dieser mächtigen Tiere überrascht, verwundet oder in die Enge getrieben, kann es auch durchaus angreifen. Muttertiere verteidigen dann vehement ihre Jungen.**

Spezielle Abwehrsprays gegen Bären können im Notfall Leben retten

Begegnungen mit einer Braunbärmutter samt ihren Jungen sind oft riskant

## Wölfe

Die meisten Unfälle mit Wölfen gibt es mit tollwütigen Exemplaren. Tollwut ist eine Krankheit, die betroffene Tiere sehr aggressiv macht und auf den Menschen übertragbar ist. In Deutschland ist die Tollwut zum Glück praktisch ausgerottet, darum brauchen wir uns hier um tollwütige Wölfe keine Sorgen zu machen.

In Teilen des Verbreitungsgebiets des Wolfs kam und kommt es aber auch immer wieder zu Angriffen nicht tollwütiger Exemplare auf Menschen – selbst heute noch. So ereigneten sich beispielsweise im Jahr 2019 solche Attacken in Kanada, Russland, Kosovo, Iran, Indien und Tadschikistan. Besonders in Indien werden einzelne Wolfsrudel manchmal zur tödlichen Gefahr, vor allem für Kinder.

In Deutschland war der Wolf lange Zeit ausgerottet. Mittlerweile gibt es hier wieder rund 200 Rudel und Paare. Bislang kam es dennoch zu keinem einzigen Bissunfall.

**Mischlinge aus Hund und Wolf wie dieser sind weniger scheu als Wölfe. Darum können sie gefährlich werden.**

**Wölfe jagen gemeinsam**

Schwarze Timberwölfe aus den USA sind besonders beeindruckende Tiere!

### Bitte nicht füttern!

**Wie bei (fast) allen Wildtieren gilt: Wölfe sollte man niemals füttern. Dadurch verlieren sie ihre Scheu vor dem Menschen, und das Risiko steigt, dass sie beißen. Aus dem gleichen Grund können Wölfe gefährlich werden, die aus Gehegen ausgebrochen sind.**

### Der „Wolf von Soissons“

Im Jahr 1765 griff ein Wolf an zwei Tagen Menschen an, in Soissons, nördlich von Paris in Frankreich. Vier Männer lauerten dem Wolf auf, der sich jedoch als so wild und stark erwies, dass sie um ihr Leben kämpfen mussten. Erst als weitere Menschen ihnen halfen, floh der Wolf.

Schließlich gelang es Antoine Saverelle von der örtlichen Bürgerwehr, das Tier mit einer zweizinkigen Heugabel in einen engen Weg zu treiben. Dort sprang der Wolf ihn an, aber er konnte ihn im letzten Moment mit der Heugabel am Genick zu Boden drücken und dort sozusagen festnageln. Auf diese Weise hielt er ihn gefangen, bis endlich ein bewaffneter Bauer kam und dem Wolf den Garaus machte. Für seine Tapferkeit erhielt Antoine Saverelle eine Belohnung von 300 Silbermünzen von König Ludwig dem Fünfzehnten.

**Mit einer Heugabel wurde der Wolf von Soissons bezwungen**

Oft schauen nur die Regionen von Augen und Nasenlöchern aus dem Wasser

## Krokodile

Längst nicht alle etwa 27 Arten der Krokodile greifen Menschen an. Einige aber sind gefährlich, allen voran das Nilkrokodil in Afrika und das Leistenkrokodil in Australien und Südostasien. Zum Glück geht „nur" ein Viertel der Attacken von Salzwasserkrokodilen tödlich aus, bei Nilkrokodilen ist es mindestens die Hälfte.

Ebenfalls für Todesfälle verantwortlich sind das Sumpfkrokodil in Indien, das Westafrikanische Krokodil, das Spitzkrokodil, das Beulenkrokodil, das Orinocokrokodil, der Schwarze Kaiman, der Amerikanische Alligator und der Sunda-Gavial.

Leider nehmen in letzter Zeit Krokodilangriffe wieder zu. Zum einen gibt es in ihren Verbreitungsgebieten immer mehr Menschen, die zwangsläufig häufiger in Kontakt mit den Panzerechsen kommen. Zum anderen wachsen die Bestände der Krokodile, weil sie inzwischen unter Schutz stehen – zuvor waren viele Arten jahrzehntelang massiv bejagt worden.

Im trüben Wasser sind Krokodile von außen meist kaum oder gar nicht zu erkennen und können sich auf diese Weise unbemerkt der Beute nähern

**Die Beißkraft von Krokodilen gehört zu den stärksten im gesamten Tierreich! Ein großes Nilkrokodil kann allein mit seinem zähnestarrenden Maul ein 250 Kilogramm wiegendes Gnu sicher festhalten und unter Wasser um die eigene Achse drehen.**

## Nilkrokodil

Lange galt das Flusspferd als gefährlichstes Tier Afrikas. Mittlerweile sind Experten jedoch überzeugt, dass dieser zweifelhafte Titel dem Nilkrokodil zukommt. Nilkrokodile bewohnen in Afrika südlich der Wüste Sahara ein riesiges Verbreitungsgebiet. Normalerweise werden sie etwa drei bis vier Meter lang. Maximal können sie jedoch über sechs Meter Länge erreichen.

## „Gustav“

Diesen friedlich klingenden Namen erhielt ein riesiges, wohl über fünf Meter langes männliches Nilkrokodil in Burundi, das viele Menschen tötete. Forscher versuchten zwei Monate lang, „Gustav“ zu fangen, jedoch vergeblich. Auch Bemühungen, ihn zu erlegen, schlugen fehl. Davon zeugen zahlreiche Narben, unter anderem von Gewehrkugeln. Zuletzt wurde das ebenso mächtige wie berüchtigte Tier im Jahr 2015 gesehen.

## Kein Zahnarzt nötig

**Ein Krokodil kann jeden seiner rund 80 Zähne im Lauf seines Lebens bis zu 50 Mal ersetzen, wenn er ihm ausgefallen ist. Es wachsen also immer neue Zähne nach.**

**Im Südosten der USA kann der Mississippi-Alligator Menschen gefährlich werden**

Das Leistenkrokodil schwimmt manchmal auch im Meer

Leistenkrokodile können sehr weit aus dem Wasser schnellen

**Leistenkrokodil**

Diese Art wird auch Salzwasserkrokodil genannt – der Name verrät Dir schon, dass die Tiere selbst Meerwasser und Brackwasser bewohnen können, also Regionen, in denen sich Süß- und Meerwasser mischen. Ihr Verbreitungsgebiet reicht vom Osten Indiens über Südostasien und die Inseln Ozeaniens bis in den Norden Australiens.

Das Leistenkrokodil gilt als größte Krokodilart der Welt. Männchen können im Extremfall über sieben Meter Länge erreichen. Miss diese Strecke doch mal mit einem Maßband oder Meterstab ab. Dann erst bekommst Du wirklich eine Vorstellung davon, wie riesig diese Tiere sein können!

Ein Zahn des Leistenkrokodils wird bis zu neun Zentimeter lang, und allein der Kopf eines erlegten riesigen Männchens wog über 200 Kilogramm! Insgesamt kann so ein Tier über 1 500 Kilogramm auf die Waage bringen.

**Überlebt!**

Wenn ein Krokodil angreift, schlägt es blitzschnell seine Zähne in den Körper des Opfers. Dann zieht es seine Beute unter Wasser. Wenn die Beute groß ist, dreht sich das Krokodil rasend um die eigene Achse, um das Opfer tödlich zu verletzen oder zu ertränken. Darum nennt man diese Taktik „Todesrolle".

So unglaublich es klingt: Manche Menschen haben solche Todesrollen überlebt. Ein Beispiel dafür ist Val Plumwood. Diese Frau wurde in Australien von einem Leistenkrokodil gepackt und musste mehrere Todesrollen über sich ergehen lassen. Schließlich konnte sie sich jedoch retten.

Stephen Moreen wurde ebenfalls in Australien von einem Leistenkrokodil angegriffen und herumgewirbelt. Es gelang ihm aber, seine Finger in die Augen des Leistenkrokodils zu bohren. Daraufhin ließ das Tier von ihm ab.

## Vorsicht vor Krokodilen!

**Bist Du im Urlaub in Gebieten, in denen Krokodile leben, dann gilt unter anderem:**

- **Beachte unbedingt Warnschilder!**
- **Schwimme nur in dafür freigegebenen Gewässern!**
- **Halte Dich ansonsten vom Wasser fern, geh also auf keinen Fall ans Ufer oder ins seichte Wasser.**
- **Lehne Dich nicht aus Booten und beuge Dich nicht beispielsweise von einem überhängenden Baum über das Wasser.**

Der Weiße Hai kann bis zu sechs Meter lang werden und über 2 000 Kilogramm wiegen. Er erreicht eine Geschwindigkeit von über 50 Kilometern pro Stunde.

## Haie

Haie zählen sicher zu den am meisten gefürchteten Tieren der Erde. Dabei ist die Gefahr, durch einen Hai zu Tode zu kommen, verschwindend gering. Menschen gehören nämlich nicht zum Beutespektrum von Haien: Jeden Tag gehen Tausende Menschen mit Haien tauchen, Millionen schwimmen im Meer, ohne dass etwas passiert. Pro Jahr fallen ihnen weltweit „nur“ etwa sechs bis zehn Menschen zum Opfer. Zum Vergleich: So viele Personen sterben allein in Deutschland jährlich durch Blitzschlag.

Haie, die dem Menschen gefährlich werden, sind vor allem der Weiße Hai, der Bullenhai, der Weißspitzen-Hochseehai und der Tigerhai.

### Probebisse

**Fast alle „Angriffe“ von Haien auf Menschen gehen glimpflich aus. Menschen gehören nämlich zwar nicht zum Nahrungsspektrum dieser Knorpelfische, aber sie reizen ihre Neugier. Darum beißen Haie oft nur ganz „sanft“ zu und lassen anschließend gleich wieder los – wahrscheinlich einfach um herauszufinden, was da vor ihnen herumschwimmt.**

Tigerhaie greifen manchmal Menschen an

Bullenhaie leben nicht nur im Meer, sondern dringen über Flüsse auch tief ins Landesinnere ein

Weißspitzen-Hochseehaie zählen zu den wenigen Haiarten, die dem Menschen wirklich gefährlich werden

# Gift!

Viele Tiere jagen oder verteidigen sich mit Gift. Manche tragen das Gift in ihrer Haut, wie die Pfeilgiftfrösche, andere spritzen es ihrem Opfer aktiv ein, wie Schlangen, Spinnen, Skorpione oder Quallen.

## Skorpione

Skorpione tragen an ihrem lang ausgezogenen Hinterleibsende einen Giftstachel. Zum Glück sind von den über 2 500 bekannten Arten nicht einmal 30 wirklich für den Menschen lebensbedrohend. Selbst die Stiche dieser gefährlichen Skorpione aber haben in den allermeisten Fällen nur milde bis mittelschwere Folgen.

Die meisten gefährlichen Skorpione leben in Nordafrika, Südasien, dem Mittleren Osten sowie Südamerika und Mittelamerika. Einige davon können ausgezeichnet klettern und dringen auch in Häuser vor – dort kommt es besonders leicht zu Unfällen, wenn man sie versehentlich berührt oder barfuß auf sie tritt.

**Dieser Gelbe Mittelmeerskorpion spreizt kampfbereit die Scheren ab und krümmt den Hinterleib mit dem Giftstachel über den Körper nach vorn. So kann er schnell zustechen.**

Vor allem dort, wo Skorpione auch in Häusern vorkommen, können sie zur Gefahr werden

## Überlebenskünstler

Skorpione bewohnen verschiedenste Lebensräume, vom Meeresstrand bis in kalte Gebirgsregionen. Selbst in tiefen, immer dunklen Höhlen gibt es Arten. Viele Skorpione vermögen monatelang ohne flüssiges Wasser und ohne Nahrung auszukommen. Sie besitzen so feine Sinne, dass einige Arten sogar fliegende Beute wahrnehmen und direkt aus der Luft schnappen können.

Jährlich wird ungefähr eine Million an Stichen gemeldet, aber zum Glück sterben „nur“ etwa 3 500 der betroffenen Menschen. Angesichts der Tatsache, dass in vielen Gebieten Skorpione sehr häufig sind und in unmittelbarer Nachbarschaft des Menschen vorkommen, sind das relativ wenige Todesfälle. Auch in solchen Regionen sterben viel, viel mehr Menschen unter anderem durch Unfälle, die Folgen von Rauchen, Alkohol oder ungesunder Ernährung.

## Kampf der Gifttiere

Hier hat ein hochgiftiger Rindenskorpion eine ebenfalls giftige Spinne überwältigt, eine Schwarze Witwe. Im Kampf hat die Spinne bereits ein Bein verloren. Außerdem erkennst Du Junge des Skorpions. Anfangs reiten diese noch auf dem Rücken des Muttertiers mit, später werden sie dann selbstständig.

**Mit aufgerichtetem Vorderkörper und abgespreiztem Halsschild warnt diese Kobra vor ihrem Gift**

## Schlangen

Die mit Abstand für die meisten Todesfälle verantwortlichen Gifttiere sind Schlangen. Experten schätzen, dass jedes Jahr bis zu 100 000 Menschen durch ihre Bisse zu Tode kommen. Eine weit größere Zahl überlebt, leidet jedoch unter schweren Folgen. Teilweise zerstören die Gifte nämlich das Gewebe, sodass betroffene Gliedmaßen wie Arme oder Beine amputiert werden müssen.

Unter den derzeit über 4 000 bekannten Schlangenarten sind nur etwa 700 giftig, und von diesen wiederum besitzen viele ein relativ schwaches Gift. Am raffiniertesten funktioniert der Giftapparat der Vipern und Grubenottern, zum Beispiel der Lanzenottern und Klapperschlangen. In Ruhe liegen ihre langen Giftzähne nach hinten eingeklappt im Maul. Beim Biss werden sie blitzschnell aufgerichtet.

Sie sind innen hohl, also wie ein Rohr gebaut. Durch dieses Rohr fließt beim Biss das Gift aus Drüsen im Hinterkopf und tritt kurz vor der Zahnspitze durch eine Öffnung aus – ganz ähnlich also wie bei einer Injektionsnadel eines Arztes.

Als giftigste Landschlange der Erde gilt der australische Inlandtaipan, als giftigste im Meer lebende Art die Dubois-Seeschlange. Glücklicherweise jedoch ereignen sich Bissunfälle mit diesen Arten so gut wie nie. Viel gefährlicher sind daher solche Giftschlangen, die in stark besiedelten Gebieten leben. Gehen dort Bauern aufs Feld oder Arbeiter in eine Plantage, kann es leicht zu Bissunfällen kommen. Zu solchen Arten zählen in Südostasien Kobras, Kraits, Kettenvipern und Sandrasselottern, in Süd- und Mittelamerika Lanzenottern, in Afrika die Puffotter.

**Ein Tropfen Gift tritt an der Spitze des Zahns einer Klapperschlange aus. Solche Zähne sind wie Injektionsnadeln gebaut.**

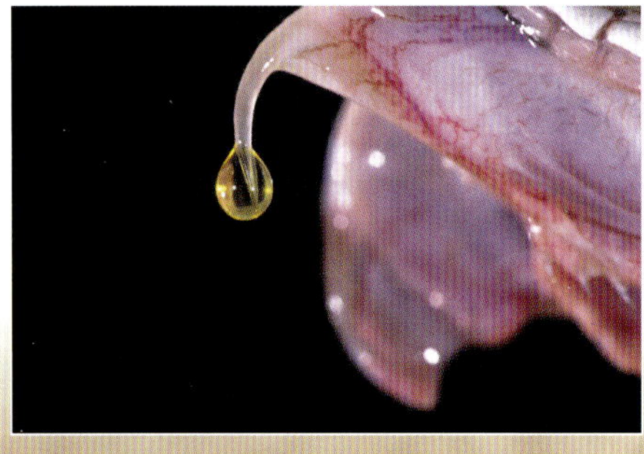

Dieses Problem ist so ernst, dass die Weltgesundheitsorganisation derzeit intensiv nach Lösungen sucht. Unter anderem soll die Versorgung mit Gegengiften in den am stärksten betroffenen Ländern verbessert werden. Gegengifte sind Arzneimittel, die Bissopfern gespritzt werden und das Schlangengift unschädlich machen.

**Der Inlandtaipan besitzt das stärkste Gift aller Landschlangen!**

Forscher halten Giftschlangen wie diese Rhinozeros-Viper im Labor. Dort nehmen sie ihnen regelmäßig das Gift ab: Man sagt, sie „melken“ die Schlangen. Das Gift dient zur Herstellung von Medikamenten, vor allem gegen die Bisse der jeweiligen Art.

Wenn Du selbst einmal in Gegenden unterwegs sein solltest, in denen es Giftschlangen gibt, kannst Du es sehr einfach vermeiden, gebissen zu werden. Bleib auf gut übersichtlichen Wegen und schleiche nicht, sondern tritt fest auf: Schlangen spüren diese Erschütterungen, und viele Arten fliehen dann vor Dir, ohne dass Du sie überhaupt bemerkst. Laufe nicht durch hohe Pflanzen, steige nicht über einen gefallenen Baumstamm – denn dahinter könnte eine Schlange liegen.

Dass Du in solchen Regionen feste Schuhe, am besten Stiefel, anhaben solltest, versteht sich von selbst. Solltest Du wirklich das seltene Glück haben, eine Giftschlange zu Gesicht zu bekommen, halte einfach genügend Abstand und entferne Dich langsam. Ebenso solltest Du Dich bei allen Schlangen verhalten, von denen Du nicht weißt, ob sie giftig sind.

## Heimische Giftschlangen

**In Deutschland leben nur zwei Giftschlangenarten, die Kreuzotter und die bei uns sehr seltene Aspisviper. Das Gift beider Arten ist jedoch relativ schwach, und darum verlaufen Bissunfälle mit diesen Vipern so gut wie niemals tödlich.**

## Spinnen

Fast alle über 50 000 bekannten Spinnenarten verfügen über Gift, aber nur eine extrem geringe Zahl davon kann dem Menschen gefährlich werden. Zu den giftigsten Arten zählen die Australischen Trichternetzspinnen und die Südamerikanischen Bananenspinnen.

In Deutschland leben keine gefährlichen Spinnenarten. Am meisten schmerzen hier Bisse der sehr seltenen Wasserspinne, des Dornfingers und der erst seit einigen Jahren aus Südeuropa eingewanderten Nosferatu-Spinne – so ein Spinnenbiss kann etwa so weh tun wie ein Wespenstich.

**Neu bei uns eingewandert ist die nicht ganz zwei Zentimeter lange Nosferatu-Kräuseljagdspinne. Sie lebt hier meist in Häusern. Im Internet wird den Menschen vor ihr Angst gemacht. Dabei ist ihr Biss im Normalfall nicht schlimmer als ein Wespenstich.**

### Extrem schmerzhaft

**Rund 30 Arten der Echten Witwen gibt es. Sie leben auf allen Erdteilen, außer der Antarktis. In Deutschland sind sie nicht heimisch, aber zum Beispiel im gesamten Mittelmeerraum.**
**Bissunfälle sind zwar selten, können aber schier unerträgliche Schmerzen verursachen. Ohne Behandlung kommt es manchmal auch zu Todesfällen. Zum Glück gibt es inzwischen Gegenmittel, sogenannte Seren. Durch ihren Einsatz können fast alle Bissopfer gerettet werden.**

**Zu den giftigsten Spinnen zählt die australische Sidney-Trichternetzspinne**

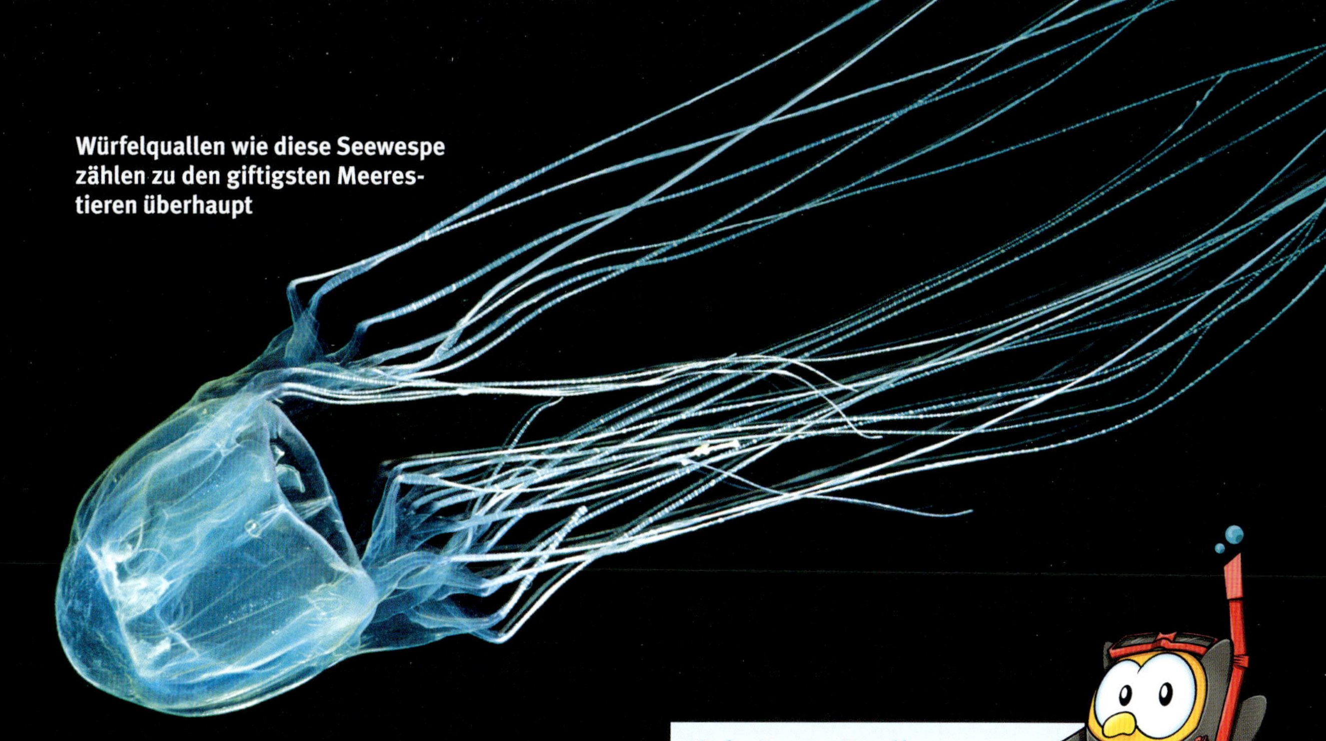

Würfelquallen wie diese Seewespe zählen zu den giftigsten Meerestieren überhaupt

## Quallen

Quallen zählen zu den Nesseltieren und leben von allem im Meer. Ihr Körper ist gallertartig schwabbelig und sehr einfach gebaut. Zu etwa 98 bis 99 Prozent besteht er aus Wasser. Die Mehrzahl der Quallen erbeutet ihre Nahrung mithilfe langer Tentakel. Diese enthalten Nesselzellen mit einem Gift. Berührt eine Beute solche Zellen, schießen diese explosionsartig Stacheln, die an einem Faden hängen, in das Opfer. Auf diese Weise wird das lähmende Gift übertragen.

Das Nesselgift vieler Arten brennt sehr stark auf der menschlichen Haut. Bei einigen Quallen ist es so stark, dass die Schmerzen schier unerträglich sind.

Besonders berüchtigt ist die Seewespe. Auch andere Würfelquallen können extrem gefährlich sein – ihr Gift zählt zu stärksten im gesamten Tierreich. Eine einzige Würfelqualle verfügt in ihren bis zu 60 Tentakeln über genügend Gift, um 100 Menschen zu töten. Zum Glück sind aber tödliche Unfälle mit Quallen extrem selten.

### Schutz vor Quallen

**Sicheren Schutz vor Quallen bieten spezielle Anzüge, die Du beim Schwimmen tragen kannst. Wurde jemand von einer Qualle genesselt, darf man auf der Haut verbliebene Nesselfäden auf keinen Fall anfassen. Am besten sollte die betroffene Stelle mit Rasierschaum eingesprüht werden. Dann entfernt man den Schaum samt den darin enthaltenen Nesselfäden vorsichtig zum Beispiel mit einer Kreditkarte. Die Hand sollte dabei mit einem Handschuh geschützt sein.**
**Die Australier sperren bestimmte Strandbereiche zum Schutz vor Würfelquallen mit Netzen ab. Am Mittelmeer werden Strände manchmal fürs Baden geschlossen, wenn gefährliche Quallen aufgetaucht sind.**

Viele Quallenarten sind für den Menschen harmlos. Du solltest aber niemals eine Qualle berühren, wenn Du nicht sicher weißt, dass sie unschädlich ist.

## Bienen

Wenn Du an gefährliche Tiere denkst, kommst Du wohl nicht zuerst auf die beliebten und so nützlichen Honigbienen. Tatsächlich sind Stiche dieser Tiere normalerweise auch nicht gefährlich – sie tun halt ein bisschen weh, das ist alles.

Es gibt jedoch Menschen, die extrem allergisch auf das Gift von Bienen und Wespen reagieren. Werden sie gestochen, können sie sterben, wenn sie nicht sofort medizinisch behandelt werden. So kommen in Deutschland jährlich etwa 20 bis 30 Menschen durch Stiche dieser eigentlich harmlosen Insekten ums Leben.

Als Afrikanisierte Honigbiene wird eine Kreuzung europäischer Honigbienen mit afrikanischen bezeichnet. Diese Bienen produzieren besonders viel Honig. Allerdings sind sie auch wesentlich aggressiver als normale Honigbienen. Glaubt sich ein Volk in Gefahr, greifen praktisch alle Bienen an – bei normalen Honigbienen dagegen nur ein paar. Dazu kommt, dass Afrikanisierte Honigbienen einen Eindringling sehr hartnäckig verfolgen.

Das Gift so vieler Stiche kann dann einen Menschen töten. Daher werden diese Bienen manchmal auch Killerbienen genannt. Sie sind heute von Südamerika bis in die USA verbreitet. In Europa gibt es solche Bienen nicht.

**Afrikanisierte Honigbienen erfordern besondere Sicherheitsmaßnahmen**

**Normalerweise tut ein Bienenstich nur ein bisschen weh**

## Plumplori und Schnabeltier

Sind Plumploris nicht süß? Wer würde da annehmen, dass diese Affenverwandten gefährlich werden können! Sowohl ihr Speichel als auch ein Sekret aus einer Drüse am Vorderarm sind giftig. Wenn die Tiere das Sekret aus den Armdrüsen abschlecken, mischt es sich mit ihrem Speichel zu einem noch gefährlicheren Gift. Beißen sie zu, gelangt es in die Wunde.

Plumplori-Gift ähnelt Substanzen von Katzen, die beim Menschen Allergien auslösen. Der einzige Todesfall, der auf eine Vergiftung durch einen Plumplori zurückgeht, wurde also wahrscheinlich nicht durch eine Vergiftung ausgelöst, sondern einen allergischen Schock. Zumindest bestimmte Bestandteile ihres Gifts produzieren die Tiere wohl gar nicht selbst, sondern gewinnen sie aus giftigen Beutetieren.

Auch einige weitere Säugetiere verfügen über Gift, beispielsweise das australische Schnabeltier. Schnabeltier-Gift ist zwar für Menschen nicht tödlich, verursacht aber extreme Schmerzen, die monatelang anhalten können.

**Das Gift aus Spornen am Hinterbein männlicher Schnabeltiere verursacht schlimme Schmerzen**

**Putzig, aber giftig: Plumplori**

# Pure Kraft

Dieser Afrikanische Elefant ist „sauer“ und rennt auf den Fotografen zu. Zum Glück sind viele solcher Attacken nur Scheinangriffe.

Einige der Tiere, die Eulchen Xabi und ich Dir zuvor vorgestellt haben, betrachten Menschen manchmal als Beute und greifen deshalb an, beispielsweise Tiger. Manche Arten, die sich ganz friedlich als Pflanzenfresser ernähren, können allerdings durch ihre unbändige Kraft und Masse extrem gefährlich werden, wenn sie sich bedroht fühlen.

# Elefanten

Ein Musterbeispiel für solche Tiere sind Elefanten, die größten Landtiere der Erde, was das Gewicht betrifft. In Afrika leben die größte und die kleinste Art, der Afrikanische Elefant und der Waldelefant. Mittelgroß ist der Asiatische Elefant aus Süd- und Südostasien.

Der größte Afrikanische Elefant war an den Schultern vier Meter hoch und wog um die zehn Tonnen, also 10 000 Kilogramm!

Dass mit solchen Tieren nicht zu spaßen ist, wenn sie wütend werden, kannst Du Dir sicher denken. Fühlen sie sich bedroht, können sie angreifen und dabei mit Füßen, Rüssel und Stoßzähnen verheerend wirken. Manchmal dringen sie scheinbar grundlos in Dörfer ein, zerstören die Häuser und töten Menschen.

## „Osama bin Laden“ und „Kolakolli“

Einzelne Elefanten werden sehr problematisch. Von 2004 bis 2006 versetzte ein großer, alter Asiatischer Elefantenbulle einen Distrikt in Indien in Angst und Schrecken, weil er Menschen angriff. Die Bevölkerung gab ihm daher den Namen „Osama bin Laden“, nach einem gefürchteten Terroristenanführer. Schließlich wurde er von einem Jäger erschossen – nur wenige Meter, bevor er auch diesen niedergerannt hätte.

Ähnlich berüchtigt war „Kolakolli“, ebenfalls ein Asiatischer Elefant. Es gelang schließlich, ihn einzufangen, aber er starb kurze Zeit darauf.

In Indien kam es außerdem in letzter Zeit zu mehreren Todesfällen, als Menschen sich Elefanten näherten und versuchten, Selfies mit ihnen zu machen. Auch mit anderen Wildtieren passieren bei Selfies immer wieder Unfälle. Selbst in Zoos!

**Manchmal ziehen die mächtigen Tiere ihren Angriff aber auch durch. Dieser Wildhüter betrachtet das von einem wütenden Elefanten völlig demolierte Auto.**

**Hier greift ein Asiatischer Elefant in Sri Lanka ein Fahrzeug an. Dabei wurde jedoch zum Glück niemand verletzt.**

### Schlaue Kerle

**Elefanten gelten als sehr intelligente Tiere. Einige erkannten sich sogar im Spiegelbild. Diesen sogenannten Spiegeltest bestehen nur ganz wenige sehr clevere Arten wie Menschenaffen, Delfine oder Raben.**

## Flusspferde

Sehen Flusspferde nicht urgemütlich aus? Dieses Äußere kann jedoch täuschen! Wenn die drei bis fünf Meter langen und bis zu 4 500 Kilogramm schweren Kolosse in Wut geraten, können sie extrem gefährlich werden – sie zählen zu den gefährlichsten Tieren Afrikas. Vor allem Muttertiere, die glauben, ihre Jungen seien bedroht, werden dann äußerst rabiat. Mit Leichtigkeit kippen sie Boote um und greifen die Insassen an.

Durch ihre Masse, die gewaltige Kraft und die bis zu 30 Zentimeter aus dem Maul ragenden Eckzähne ist so eine Attacke furchtbar. Flusspferde können dabei einen Menschen mehrmals durch die Luft schleudern, wieder im Maul auffangen und beißen.

### Rasante Kolosse

**Wenn Bauern Flusspferde plötzlich in ihrem Feld überraschen, können diese auf die Menschen losgehen und erreichen dabei erstaunliche Geschwindigkeiten. Je nach Schätzungen werden sie dabei 30 bis 50 Stundenkilometer flink, also etwa so schnell wie Autos in der Stadt.**

**Bei einem Angriff werden Flusspferde erstaunlich schnell!**

Mit Leichtigkeit vermag ein Flusspferd ein solches Fischerboot umzuwerfen

Flusspferde zählen zu den gefährlichsten Wildtieren Afrikas

Mit ihren langen Zähnen und der urwüchsigen Kraft können rivalisierende Flusspferdbullen einander schwere Verletzungen zufügen oder den Kontrahenten sogar töten

*Anopheles*-Mücken übertragen Malaria, eine sehr gefährliche Krankheit

# Überträger fieser Parasiten und anderer Krankheitserreger

Viele Tiere wären eigentlich ganz harmlos. Sie übertragen jedoch Parasiten, Viren oder Bakterien, die beim Menschen gefährliche Krankheiten auslösen. Einige davon zählen daher zu den tödlichsten Tieren der Welt. Sie sind die eigentliche Gefahr im Tierreich! Im Vergleich zu ihnen erscheinen die meisten Wildtiere wie Löwen oder Haie geradezu harmlos.

Auch hier sind ganz überwiegend arme Menschen betroffen, die nicht für die nötige Hygiene sorgen können oder in feuchtwarmen Gebieten leben, in denen zum Beispiel Malariamücken brüten. Die Tiere sind also nur eine Seite der Gefahr – die viel größere ist die Armut. Und dagegen lässt sich mit gerechterer Politik etwas tun!

**Wenn wir dafür sorgen, dass Menschen nicht mehr in solch unwürdigen Behausungen leben müssen, sinkt das Risiko, dass sie Krankheiten übertragen bekommen**

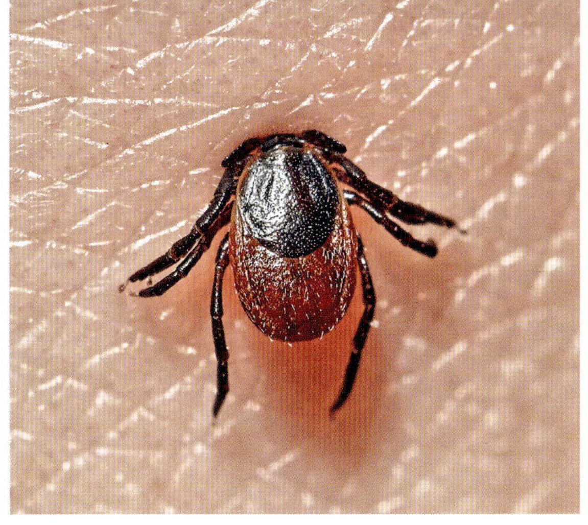

Beim Blutsaugen können Zecken verschiedene Krankheiten übertragen

Der Stechrüssel einer Zecke unter dem Mikroskop. Die scharfen Zähne durchdringen die Haut problemlos. Danach wirken sie als Widerhaken.

## Zecken

Zecken zählen zu den Spinnentieren. Alle etwa 900 Arten ernähren sich parasitisch von Blut von Wirbeltieren, manche auch von unserem Blut. Dass sie uns dabei ein paar Tröpfchen stehlen, wäre ja kein Problem. Aber sie übertragen je nach Art verschiedene Viren, Bakterien, einzellige oder mehrzellige Parasiten. Diese können beim Menschen Krankheiten auslösen, die teilweise lebensbedrohlich sind. Bei uns in Mitteleuropa sind das vor allem Lyme-Borreliose und FSME, eine Gehirnhautentzündung.

### Schutz vor Zecken

**In immer mehr Gebieten Deutschlands übertragen Zecken nicht nur Borreliose, sondern auch FSME. Wenn Du häufig auf Wiesen oder im Wald unterwegs bist, könnte daher eine Schutzimpfung gegen FSME eine gute Idee sein. Da diese Tiere auf höheren Pflanzen wie Wiesengras, kleinen Büschen oder Stauden lauern, bleib am besten auf den Wegen. Trage lange, helle Hosen und stecke die Hosenbeine in die Socken.**
**Suche Deine Kleidung und Deinen Körper bei solchen Ausflügen regelmäßig ab, auch danach. Abwehrspray auf der Kleidung und unbedeckten Körperstellen kann ebenfalls helfen. Hat sich eine Zecke festgebissen, sollte sie so schnell wie möglich mit einer speziellen Pinzette, Karte, Haken oder Schlinge komplett herausgezogen werden.**

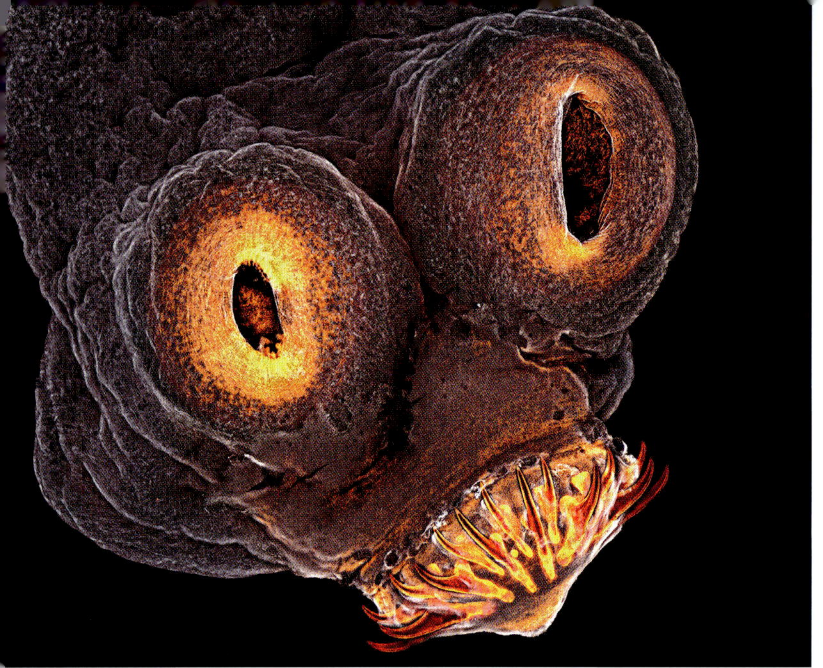

**Mikroskopaufnahme vom Kopf eines Schweinebandwurms. Diese Art befällt auch den Menschen. Mit den scharfen Zähnen beißt sich der Wurm in die Haut des Darms. Was hier wie Augen wirkt, sind in Wirklichkeit Saugnäpfe. Damit verankert sich das Tier fest an der Darmwand seines Wirts.**

## Bandwürmer

Wenn der Mensch Fleisch beispielsweise von Fischen oder Schweinen isst, das nicht ausreichend gekocht wurde, kann es sein, dass er sich darüber Bandwürmer einfängt. Die Larven dieser nicht gerade appetitlichen Tiere können lebensbedrohlich werden, wenn sie sich außerhalb des Darms eines befallenen Menschen entwickeln. Jährlich kommt es auf diese Weise zu etwa 1 000 Todesfällen.

## *Ascaris*-Rundwürmer

Mit den Eiern von *Ascaris*-Rundwürmern können sich Menschen infizieren, zum Beispiel wenn sie Lebensmittel zu sich nehmen, die mit menschlichen Ausscheidungen verunreinigt sind. Das kann vor allem in armen Ländern rasch der Fall sein.

Die Infektion mit den Würmern kann schwere gesundheitliche Folgen haben und leider gerade bei betroffenen Kindern auch zum Tod führen. Die Weltgesundheitsorganisation schätzt, dass bis zu 1,2 Milliarden Menschen weltweit betroffen sind und jährlich bis zu 60 000 Personen dadurch sterben.

**Nicht gerade hübsch und noch dazu ein Krankheitserreger: *Ascaris*-Rundwürmer**

## Chagas-Raubwanzen

In Südamerika, Mittelamerika und Mexiko leben bestimmte Raubwanzen, die nachts unbemerkt an Tieren und am Menschen – vor allem im Gesicht – Blut saugen, ähnlich wie unsere Stechmücken. Dabei setzen sie auch Kot ab. Reibt der Mensch sich diesen Kot dann in die Stichwunde, infiziert er sich mit einem Einzeller namens *Trypanosoma*, der die gefährliche Chagas-Krankheit verursacht.

Insgesamt sollen 6 bis 18 Millionen Menschen darunter leiden. Jährlich sterben etwa 8 000 bis 15 000 Personen an den Folgen.

**Bestimmte Raubwanzen übertragen die gefährliche Chagas-Krankheit**

### Kein Kraut gewachsen

**Die Chagas-Krankheit ist leider nur sehr schwierig zu behandeln. Man versucht daher, die Raubwanzen als Überträger zu bekämpfen. Allerdings sind viele übliche Insektengifte gegen sie unwirksam.**

## Pärchenegel

In manchen Süßwasserschnecken entwickeln sich Larven des *Schistosoma*-Pärchenegels. Ein bestimmtes Stadium dieses Saugwurms wird dann ausgeschieden, die sogenannten Zerkarien. Bei Kontakt mit Menschen bohren sie sich durch die Haut und wandern vor allem über Blutgefäße in die Leber. Dort werden sie zum erwachsenen, ein bis zwei Zentimeter langen Pärchenegel. Dieser entlässt schließlich zum Beispiel im Darm seine Eier, die der Mensch dann ausscheidet. Gelangen solche Ausscheidungen mit dem Abwasser in Gewässer, beginnt der Kreislauf erneut.

Die durch diesen Pärchenegel ausgelöste Krankheit heißt Schistosomiasis oder Bilharziose. Besonders in Afrika, in Arabien, Ostasien, Südamerika, auf karibischen Inseln und im Nahen Osten ist sie ein riesiges Problem. Experten glauben, dass weltweit rund 300 Millionen Menschen befallen sind. Die Weltgesundheitsorganisation schätzt, dass jährlich 200 000 Betroffene an den Folgen sterben. In vielen Ländern versucht man daher, die Krankheitserreger auszurotten, aber das ist sehr schwierig.

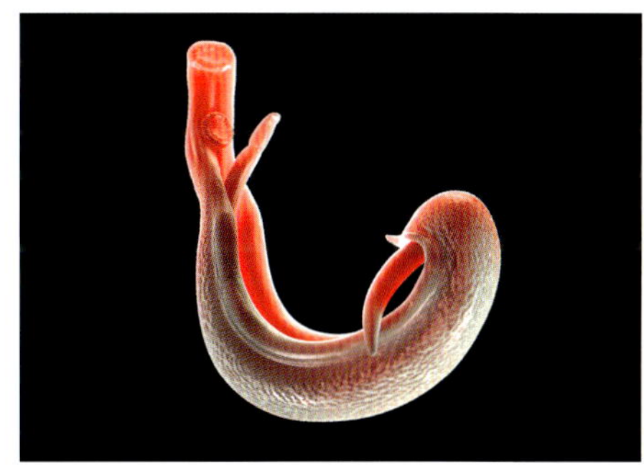

**Diese Computer-Illustration zeigt einen Pärchenegel**

**Die Larven des Pärchenegels entwickeln sich in Süßwasserschnecken wie dieser Posthornschnecke**

Bei uns ist die Tollwut seit Langem praktisch ausgerottet. In anderen Ländern jedoch sind nach wie vor viele Tiere damit infiziert, auch Straßenhunde.

## Hunde

**Teure Folgen**

**Jährlich kostet es die Menschen in den USA insgesamt eine Milliarde Dollar, die Folgen von Hundebissen zu behandeln!**

Es wird Dich überraschen, in diesem Kapitel auch Hunde zu finden. Zum einen sterben jedes Jahr weltweit Menschen durch Angriffe aggressiver Hunde. Auch in Deutschland kommt es traurigerweise jährlich zu Todesfällen. In den USA werden jedes Jahr 4,5 Millionen Menschen gebissen, 6 000 bis 13 000 davon müssen ins Krankenhaus, etwa 30 bis 50 sterben. Leider sind Kinder besonders gefährdet, von Hunden gebissen zu werden. Daher hätten Hunde also ins Kapitel „Scharfe Zähne, scharfe Krallen!" gepasst.

Sie stehen aber hier, weil Bisse von Tieren wie Hund und Katze gefährliche Krankheiten übertragen können. So gelten Hunde als Hauptüberträger der gefürchteten Tollwut. Weltweit sterben jedes Jahr bis zu 60 000 Menschen an dieser Virusinfektion. Das ist besonders tragisch, da man Erkrankte durch eine Impfung innerhalb von 24 Stunden heilen könnte – in den meist armen Ländern passiert das aber leider längst nicht immer. Hier müssten wir durch eine bessere Politik dafür sorgen, dass die Gesundheitssysteme in solchen Ländern wirksamer werden. Betroffen sind vor allem Menschen in Asien und Afrika. In Deutschland kommt Tollwut zum Glück so gut wie nicht mehr vor.

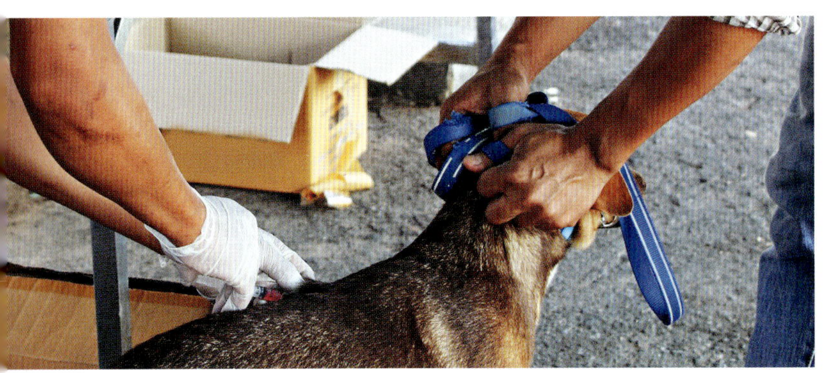

Hier wurde ein Hund eingefangen, um ihn gegen Tollwut zu impfen

**Tsetse-Fliegen übertragen die gefährliche Schlafkrankheit**

## Tsetse-Fliegen

Tsetse-Fliegen leben in Afrika. Nach einem sehr schmerzhaften Stich (eigentlich ja ein Biss!) saugen sie Blut von Tieren und Menschen. Dabei können manche einen einzelligen Parasiten übertragen, der die gefürchtete Schlafkrankheit auslöst. Diese Krankheit heißt so, weil die Betroffenen im Endstadium in einen schläfrigen Dämmerzustand fallen.

In den Tropen Afrikas sind etwa eine halbe Million Menschen davon betroffen. Erst vor wenigen Jahren wurde endlich ein Medikament entwickelt, das die Patienten heilt. Es ist noch in der Testphase, wird aber hoffentlich bald zugelassen. Das wäre wohl ein großer Durchbruch, denn bislang können pro Jahr mehrere Tausend bis zu fast 50 000 Menschen an der Schlafkrankheit sterben.

### Gestreifter Schutz

**Wildtiere können sich gegen stechende Insekten nicht mit Abwehrsprays und Moskitonetzen schützen. Eine Tiergruppe hat jedoch einen ganz raffinierten „Tarnanzug" gegen Tsetse-Fliegen und die ebenfalls stechenden Bremsen entwickelt: die Zebras! Im Gegensatz zu Stechmücken, die ihre Opfer mithilfe des Geruchssinns finden, verlassen sich Tsetsefliege und Bremse dazu auf ihre Facettenaugen. Es wurde nachgewiesen, dass die schwarzweiße Streifung der Zebras die Fliegen beim Anflug verwirrt, weshalb sie oft nicht dort landen.**

## Sandmücken

Sandmücken sind in tropischen und subtropischen Regionen besonders häufig, also warmen Gegenden. Sie saugen Blut und können dabei verschiedene Krankheiten übertragen, etwa die Leishmaniose. Ausgelöst wird sie durch *Leishmania*-Einzeller.

Besonders betroffen sind Peru und Kolumbien in Südamerika, Ostafrika, der Mittelmeerraum und Asien. Jährlich werden etwa zwei Millionen Menschen damit neu infiziert, etwa 20 000 bis 50 000 Menschen sterben.

Aufgrund der Klimaerwärmung können sich Sandmücken zunehmend nach Norden ausbreiten. Auch in Deutschland wurden bereits Exemplare gesichtet.

**Auch Sandmücken übertragen beim Blutsaugen Krankheitserreger**

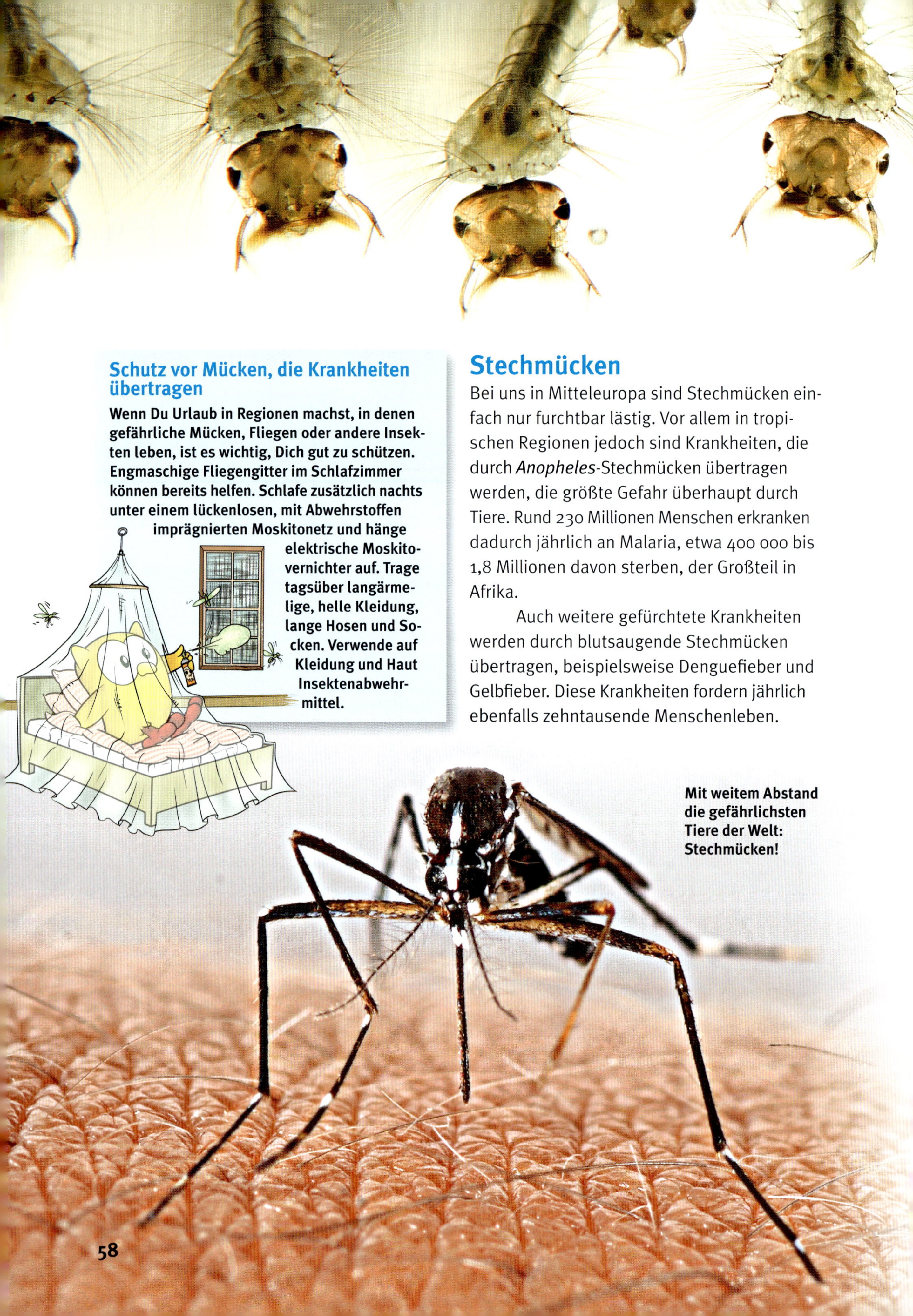

## Schutz vor Mücken, die Krankheiten übertragen

**Wenn Du Urlaub in Regionen machst, in denen gefährliche Mücken, Fliegen oder andere Insekten leben, ist es wichtig, Dich gut zu schützen. Engmaschige Fliegengitter im Schlafzimmer können bereits helfen. Schlafe zusätzlich nachts unter einem lückenlosen, mit Abwehrstoffen imprägnierten Moskitonetz und hänge elektrische Moskitovernichter auf. Trage tagsüber langärmelige, helle Kleidung, lange Hosen und Socken. Verwende auf Kleidung und Haut Insektenabwehrmittel.**

# Stechmücken

Bei uns in Mitteleuropa sind Stechmücken einfach nur furchtbar lästig. Vor allem in tropischen Regionen jedoch sind Krankheiten, die durch *Anopheles*-Stechmücken übertragen werden, die größte Gefahr überhaupt durch Tiere. Rund 230 Millionen Menschen erkranken dadurch jährlich an Malaria, etwa 400 000 bis 1,8 Millionen davon sterben, der Großteil in Afrika.

Auch weitere gefürchtete Krankheiten werden durch blutsaugende Stechmücken übertragen, beispielsweise Denguefieber und Gelbfieber. Diese Krankheiten fordern jährlich ebenfalls zehntausende Menschenleben.

**Mit weitem Abstand die gefährlichsten Tiere der Welt: Stechmücken!**

**Die Larven von Stechmücken wie hier *Anopheles* wachsen im Wasser heran**

Die gefährlichsten Tiere der Welt sind somit nicht Löwen, Giftschlangen oder Haie, sondern mit weitem Abstand Stechmücken!

Um Krankheiten wie Malaria oder die Schlafkrankheit einzudämmen, ist es dringend nötig, Stechmücken und Fliegen wirkungsvoll zu bekämpfen. Dazu versucht man unter anderem, ihnen Brutmöglichkeiten zu nehmen, indem man ihnen keine Wasserstellen etwa in Blumentöpfen im Garten bietet. Teilweise wird Gift eingesetzt, an anderen Orten bestimmte Bakterien oder Pilze.

Auch gentechnische Methoden werden angewendet: So versuchen Forscher Stechmücken so zu verändern, dass sie unfruchtbar werden – dadurch können sie sich dann nicht mehr fortpflanzen. Im Senegal in Afrika wurden unfruchtbare Männchen der Tsetse-Fliege ausgesetzt. Dadurch sank letztlich der Bestand an Tsetse-Fliegen um 99 Prozent!

## Berühmte Opfer

**Oft ist es gar nicht der Zahn eines Tigers oder das Gift einer Schlange, die zum Tode führen. Manchmal haben auch kleine Ereignisse schlimme Folgen. So kommt es vor, dass sich ganz normale Insektenstiche entzünden, zum Beispiel solche von Stechmücken. Unter ungünstigen Umständen kann dadurch eine Sepsis entstehen, eine Blutvergiftung.**

**Genau auf diese Weise kamen zwei bedeutende Persönlichkeiten des 20. Jahrhunderts ums Leben: der österreichische Komponist Alban Berg und der auf dem Foto gezeigte Brite Lord Carnarvon – er gab das Geld für die Ausgrabungen, die schließlich zur Entdeckung des Grabes des ägyptischen Pharaos Tutanchamun führten. Dessen prunkvolle Totenmaske siehst Du hier ebenfalls. Übrigens: Der berühmte Pharao litt zu Lebzeiten wahrscheinlich an Malaria – Stechmücken spielten also eine schlimme Rolle bei Tutanchamun ebenso wie bei seinem Entdecker ...**

Unter unglücklichen Umständen kann sogar ein Biber dem Menschen lebensgefährlich werden

## Und viele mehr ...

Natürlich gibt es noch viele weitere Tiere, die zu einer lebensgefährlichen Bedrohung für den Menschen werden können. Die Palette reicht von Gifttieren wie Steinfisch, Petermännchen (ebenfalls ein Fisch), den im Meer lebenden Kegelschnecken oder Blauringelkraken über Raubtiere wie Puma, Dingo und Kojote bis hin zu Hirschen, Wildschweinen, Kaffernbüffeln, Nashörnern, Giraffen, Seeleoparden, Walrossen, Straußen, Kasuaren, großen Pythons, Komodowaranen, ja sogar Bibern und Ameisen.

Allerdings ist die Gefahr oft dort am größten, wo Du sie vielleicht gar nicht erwarten würdest. Beispielsweise sind in Speichel und Kot von Katzen gefährliche Parasiten, Bakterien und Einzeller enthalten. Bei einem Biss oder dem Kontakt mit Kot können sie übertragen werden und Erkrankungen auslösen.

Oder denke einmal an die Tierwelt Australiens – ein Kontinent voller giftiger Schlangen und Spinnen, mit nesselnden Quallen und zähnestarrenden Haien vor seinen Küsten. Was glaubst Du wohl: Welches Tier ist dort für die meisten Todesfälle verantwortlich? Mit weitem Abstand das Pferd!

### Teufelswelse?

**Zwischen 1998 und 2007 kam es am Fluss Kali in Indien und Nepal in einem Bereich von wenigen Kilometern zu drei tödlichen Attacken auf Menschen. Diese wurden jeweils plötzlich unter Wasser gezogen. Ein Augenzeuge berichtete von etwas, was wie ein „schlammfarbiges Wasserschwein" ausgesehen habe. Da im betreffenden Gebiet weder Bullenhaie noch Krokodile gesichtet wurden, fiel der Verdacht auf riesige, bis zu zwei Meter große Raubfische: Teufelswelse. Ob sie aber wirklich dahintersteckten, wurde nie geklärt.**

Mit seinen scharfen Krallen kann ein Kasuar einen Menschen schwer verletzen

Seeleoparden greifen in Einzelfällen Menschen an

Pferde sorgen leider auch in Deutschland jedes Jahr für tödliche Unfälle, indem sie ausschlagen oder Reiter abwerfen. Die so friedlich dreinblickenden Kühe töten ebenfalls immer wieder einmal Menschen. Haustiere wie Pferd und Hund sind also bei uns in Mitteleuropa die gefährlichsten Tiere, nicht Wildtiere!

Aber zurück zu Australien: An zweiter Stelle folgen dort auf die Pferde Bienen und Wespen, gleichauf mit Schlangen – mit jeweils unter 30 Todesfällen pro Jahr. Quallen, Zecken und Ameisen stehen ganz weit unten in der Statistik – sie verursachen jährlich nicht einmal zehn Todesfälle. Durch Spinnen kam dort lange Jahre überhaupt niemand mehr ums Leben.

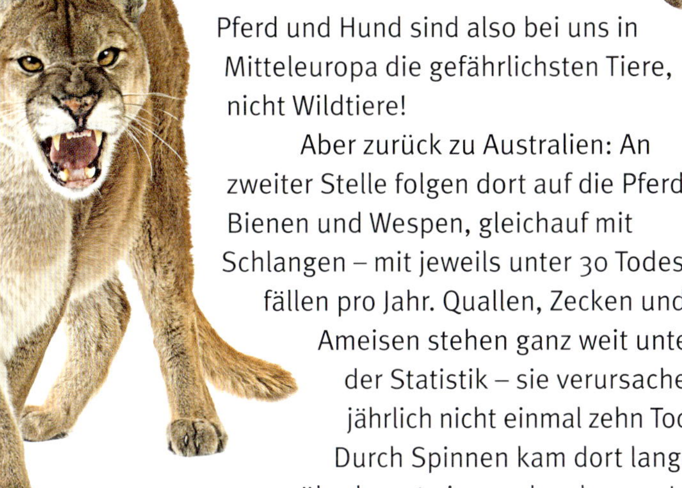

**Selten attackieren Pumas Menschen**

**Hirsche sind als Gefahr nicht zu unterschätzen!**

# Pass auf Dich auf!

Was in diesem Buch steht, könnte einem ganz schön Angst machen. Die brauchst Du aber ganz sicher nicht zu haben! Wie Du eingangs schon gelesen hast, ist es vor allem bei uns in Mitteleuropa extrem unwahrscheinlich, durch ein Tier zu Tode zu kommen. Und wenn wir alle durch unser Verhalten und unsere Politik dafür sorgen, dass die Lebensbedingungen in armen Ländern sich verbessern, dann wird dort auch die Gefahr durch Tiere immer geringer.

In Bezug auf gefährliche Tiere gilt einfach: Benutze Deinen gesunden Menschenverstand – ob im Umgang mit Arten vor Deiner Haustür oder in fremden Ländern. Informiere Dich gründlich über Risiken und meide sie so gut wie möglich. Lassen sie sich nicht ganz vermeiden, ergreife Vorsichtsmaßnahmen. Das tust Du schon, indem Du einen fremden Hund nicht streichelst, ohne Dich vorher beim Besitzer erkundigt zu haben, ob das okay ist. Oder indem Du nicht von hinten an ein Pferd heranschleichst.

Mit einem Wort: Pass einfach auf Dich auf!

**Im Umgang mit Tieren gilt immer: Vorsicht ist die Mutter der Porzellankiste! Frag also zum Beispiel vorher, ob Du einen fremden Hund streicheln darfst.**

# Großes Quiz zu den gefährlichen Tieren

Du weißt jetzt sehr viel über die gefährlichsten Tiere der Welt, ja, Du bist ein richtiger Experte auf diesem Gebiet geworden! Wenn Du Lust hast, kannst Du einmal ausprobieren, was Du Dir alles gemerkt hast.
Kreuze bei jeder Frage eine Antwort mit dem Bleistift an und schau am Schluss auf Seite 64 nach, ob Du richtig getippt hast. Und nun viel Spaß!

**1. Wie wurden zwei besonders berüchtigt gewordene Löwen genannt?**

a) „Das Gespenst" und „der Zombie" ❍
b) „Der Geist" und „die Dunkelheit" ❍
c) „Gustav" und „Corbett" ❍

**2. Welche ist die größte Raubkatze der Welt?**

a) Löwe ❍
b) Jaguar ❍
c) Tiger ❍

**3. Tiger jagen ...**

a) ... allein ❍
b) ... als Paar ❍
c) ... im Rudel ❍

**4. Wie hieß der berühmte Jäger, der menschenfressende Tiger, Leoparden und Lippenbären erlegte?**

a) Jim Corbett ❍
b) John Henry Patterson ❍
c) George Rushby ❍

**5. Wodurch wurde Jim Corbett unter anderem berühmt?**

a) Er hasste Tiger und Leoparden so sehr, dass er hunderte davon erlegte ❍
b) Er rang einen Tiger mit bloßen Händen nieder ❍
c) Er setzte sich dafür ein, dass in Indien ein Nationalpark eingerichtet wurde ❍

**6. Warum ziehen Menschen nicht aus Gegenden weg, in denen sie von Wildtieren bedroht sind?**

a) Sie sind meist arm und wenig gebildet ❍
b) Sie haben keine Lust auf einen Umzug ❍
c) Sie glauben, sie könnten die Tiere töten ❍

**7. Was ist ein Schwarzer Panther?**

a) Eine eigene Art der Raubkatzen ......... ❍
b) Ein schwarzer Tiger............................ ❍
c) Ein schwarzer Leopard........................ ❍

**8. Wo lebt der Jaguar?**

a) In Südostasien, zum Beispiel in Indien . ❍
b) In Mittel- und Südamerika ................. ❍
c) In Afrika ............................................. ❍

**9. Wodurch sind Angriffe von Hyänen besonders gefährlich?**

a) Durch ihre extrem hohe Beißkraft ..... ❍
b) Durch ihre starken Krallen ................. ❍
c) Durch ihre enorme Geschwindigkeit... ❍

**10. Welche Bären gelten als relativ aggressiv?**

a) Grizzlybär und Schwarzbär................. ❍
b) Eisbär und Kodiakbär ......................... ❍
c) Lippenbär und Kragenbär................... ❍

**11. Wodurch kam ein Japaner mit dem Leben davon, als er von einem Himalaya-Bären angegriffen wurde?**

a) Er konnte im letzten Moment auf ihn schießen ............................................ ❍
b) Er wehrte ihn mit Karate-Techniken ab ...................................................... ❍
c) Er schlug ihm mit einer Eisenstange auf den Kopf....................................... ❍

**12. Welche Krokodilarten sind besonders gefährlich?**

a) Leistenkrokodil und Nilkrokodil ........ ❍
b) Brillenkaiman und Alligator ............... ❍
c) Stumpfkrokodil und Philippinen-Krokodil ............................................ ❍

**13. Warum gehen Bisse von Haien oft glimpflich aus?**

a) Weil sie unter Wasser schlecht sehen und daher nicht gut zielen können ..... ❍
b) Weil sie oft nur einen Probebiss anbringen ............................................ ❍
c) Weil ihre Zähne nicht durch die Taucheranzüge dringen ...................... ❍

**14. Welche beiden Schlangenarten besitzen das stärkste Gift?**

a) Kreuzotter und Aspisviper .................. ❍
b) Inlandtaipan und Dubois-Seeschlange. ❍
c) Kobra und Klapperschlange ............... ❍

**15. Wodurch sind bestimmte Quallenarten so gefährlich?**

a) Sie besitzen giftige Nesselzellen ....... ❍
b) Sie erwürgen ihre Beute mit den langen Tentakeln ................................ ❍
c) Die übertragen beim Biss Gift ............ ❍

**16. Wann kann selbst ein einzelner Bienen- oder Wespenstich gefährlich werden?**

a) Wenn der betroffene Mensch allergisch reagiert ............................................. ❍
b) Wenn der Mensch in die Kopfhaut gestochen wird .................................. ❍
c) Wenn es sich um eine Killerbiene handelt ............................................. ❍

**17. Welche Elefantenart ist die größte der Welt?**

a) Der Waldelefant ................................ ❍
b) Der Afrikanische Elefant .................... ❍
c) Der Asiatische Elefant ........................ ❍

**18. Wodurch wird die Chagas-Krankheit übertragen?**

a) Durch Stechmücken............................ ❍
b) Durch Pärchenegel ............................. ❍
c) Durch Raubwanzen ............................. ❍

**19. Welche Tiere sind die gefährlichsten überhaupt?**

a) Tiger................................................... ❍
b) Stechmücken ..................................... ❍
c) Krokodile .......................................... ❍

**20. Welche Tiere töten in Deutschland regelmäßig Menschen?**

a) Giftschlangen und Giftspinnen .......... ❍
b) Hunde und Pferde.............................. ❍
c) Wölfe und Bären ................................ ❍

# Lösungen:

1) b: Zwei berüchtigt gewordene Löwenbrüder wurden „Der Geist“ und „die Dunkelheit“ genannt.

2) c: Der Tiger ist die größte Raubkatze der Welt, genauer gesagt der Sibirische Tiger.

3) b: Tiger sind Einzelgänger und jagen alleine.

4) a: Jim Corbett erlegte eine ganze Reihe menschenfressender Raubtiere.

5) c: Nach Jim Corbett ist der erste Nationalpark Indiens benannt, weil er sich für dessen Gründung eingesetzt hatte.

6) a: Die Bevölkerung in Gebieten, in denen Wildtiere häufig Menschen töten, ist meist arm und wenig gebildet.

7) c: Als Schwarze Panther werden schwarz gefärbte Leoparden bezeichnet. Auch bei anderen Raubkatzen kommen manchmal solche Schwärzlinge vor.

8) b: Der Jaguar lebt vor allem in Mittel- und Südamerika.

9) a: Selbst wenn Opfer Hyänenangriffe überleben, verlieren sie oft Gliedmaßen, weil die Beißkraft der Tiere extrem groß ist.

10) c: Lippenbär und Kragenbär gelten als relativ aggressiv.

11) b: Ein Japaner konnte sich erfolgreich mit Karate gegen einen Himalaya-Bären wehren.

12) a: Das asiatische Leistenkrokodil und das afrikanische Nilkrokodil greifen am ehesten Menschen an.

13) b: Haie bringen oft nur einen Probebiss an und schwimmen dann weg.

14) b: Inlandtaipan und Dubois-Seeschlange besitzen das stärkste Gift aller Schlangenarten.

15) a: Quallen übertragen mit ihren Nesselzellen Gift, das bei manchen Arten auf den Menschen tödlich wirken kann.

16) a: Selbst ein einzelner Bienen- oder Wespenstich kann gefährlich sein, wenn der Betroffene einen allergischen Schock erleidet.

17) b: Der Afrikanische Elefant ist die größte Elefantenart.

18) c: Die Chagas-Krankheit wird durch Raubwanzen übertragen.

19) b: Durch Krankheiten, die von Stechmücken übertragen werden, sterben weit mehr Menschen als durch alle gefährlichen Wildtiere zusammen.

20) b: In Deutschland kommen immer wieder Menschen durch Hunde und Pferde ums Leben.

Die im Meer lebenden Kegelschnecken können Beute oder auch einem Angreifer eine kleine Harpune in den Leib schießen, mit einem der gefährlichsten Gifte im Tierreich. Leider fallen ihm immer wieder auch Menschen zum Opfer.

# Entdecke die Reihe mit der Eule!

Entdecke die Eulen

Entdecke die Greifvögel

Entdecke die Geier

Entdecke die Rabenvögel

Entdecke die Spechte

Entdecke die Finken

Entdecke die Spatzen

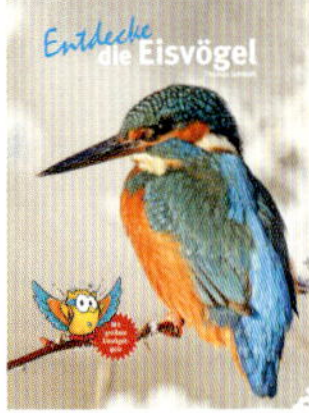
Entdecke die Eisvögel

Entdecke die Zugvögel

Entdecke die Singvögel

Entdecke die Meisen

Entdecke die Kraniche

Entdecke die Störche

Entdecke Schwäne, Gänse & Enten

Entdecke die Möwen

Entdecke die Pinguine

Entdecke die Papageien

Entdecke die Kolibris

Entdecke die Fledermäuse

Entdecke die Hunde

Entdecke die Schafe

Entdecke die Ziegen

Entdecke die Kühe

Entdecke die Pferde

Entdecke die Esel

Entdecke die Igel

Entdecke die Maulwürfe

Entdecke die Waschbären

Entdecke die Biber

Entdecke die Otter

Entdecke heimische Wildtiere

Entdecke die Wölfe

Entdecke die Bären

Entdecke die Tiger

Entdecke die Menschenaffen

Entdecke Affen und Lemuren

Entdecke die Hyänen

Entdecke die Pandas

Entdecke die Elefanten

Entdecke die Nashörner

Entdecke die Giraffen

Entdecke die Antilopen

**Natur und Tier - Verlag GmbH**
An der Kleimannbrücke 39/41 · 48157 Münster
Telefon: 0251 - 13339-0 · Fax: 0251 - 13339-33
E-Mail: verlag@ms-verlag.de · www.ms-verlag.de